젤 렌 스 키

ZELENSKY

젤 렌 스 키

앤드루 L. 어번, 크리스 맥레오드 지음 | 오세원 옮김

알파미디어

이 지정학적 새로운 스타를 어떻게 이해할 것인가

"난 탄약이 필요해요. 탈출 수단이 아니라!"

우크라이나의 볼로디미르 젤렌스키 대통령의 절박한 호소가 전 세계에 울려 퍼졌다. 워싱턴은 그에게 키이우를 탈출할 수 있는 안전한 통로를 제공했다. 하지만 젤렌스키는 승리의 가능성이 희박하더라도 조국을 위해 '결사 항전'하기로 결심했다.

2022년 2월 24일, 러시아의 블라디미르 푸틴은 우크라이나를 모스크바의 지배하에 두기 위해 무자비한 전쟁을 시작했다. 러시아는 젤렌스키 정부를 '참수', 즉 젤렌스키를 죽이고 괴뢰 정권을 수립해 체제 전복을 꾀하며 키이우에 신속히 접근했다.

푸틴의 암살단이 젤렌스키를 암살하려는 시도가 수차례 있었지만 그는 절대 단념하지 않았다. 젤렌스키는 공격에 맞서기 위해 분연히 일어섰고, 오늘날 세상에 찾아보기 힘든 용기를 사람들에게 보여주며, 흔들림 없는 모습으로 대항했다.

이 전쟁이 있기 전까지 그의 고향 우크라이나 밖에서는 거의 알려지지 않았던 젤렌스키가 자국민으로부터는 존경을, 서구의 엘리트와 일반 시민으로부터는 찬사를 받고 있다. 그는 매우 불공정한 싸움에서 불굴의 정신을 보여주었다. 러시아군은 군사력에서 우크라이나군을 훨씬 능가하지만, 우크라이나 군인, 자원봉사자 들은 여전히 전쟁터에서는 정신력이 중요하다는 것을 알려주었다. 러시아가 2차 세계대전에서 독일 침략자들로부터 스탈린그라드를 방어한 때 이후로 적을 물리치려는 의지가 이토록 강렬한 적이 없었다.

연예인에서 공직자가 된 44세의 젤렌스키는 냉정한 스파이이자 유도 전문가인 그의 적수 푸틴에 맞섰다. 구소련 정보기관 KGB의 요원으로 경력을 시작한 푸틴은 거기서 배운 모든 잔인하고 교활한 요령을 사용했지만, 젤렌스키는 그를 능가하기도 했다.

이메일조차 사용하지 않을 정도로 인터넷 이전 시대에 갇혀 있는 푸틴과 달리 젤렌스키는 새로운 디지털 세상에 능숙했다. 그는 2019년 소셜 미디어 캠페인을 통해 당선되었다. 현재의 위기 속에서 유튜브, 페이스북, 인스타그램 그리고 트위터를 종횡무진 누비며 그는 자신이 소셜 미디어의 대가라는 것을 전 세계에 보여주었다. 관객들의 마음을 읽는 데 익숙한 연예인이었던 젤렌스키는 서양이 무슨 이야기를 듣고 싶어 하는지 잘 알았다. 그는 정보전 분야에서 푸틴을 능가했다.

추천의 말

이러한 내러티브를 만드는 능력은 그에게 힘을 실어줬다. 젤렌스키는 서구의 정책입안자와 정치인의 마음을 사로잡았다. 그들은 카리스마 넘치는 이 우크라이나인을 열렬히 지지하고 있다. 서방 지식인들은, 비록 미국과 나토(NATO, 북대서양조약기구)가 러시아와 교전 상태에 빠질 수 있더라도 젤렌스키가 원하는 '비행금지구역'을 설정해주라고 아우성이다. 그렇게 할 경우 핵 분쟁으로 번질 것이 거의 확실하다. 젤렌스키가 서구의 마음을 얻었는지는 몰라도 그에 관해 서구는 이성을 상실한 듯 보인다.

우리는 모두 젤렌스키 대통령을 영웅으로 보게 되었지만, 그가 내린 결정 중에는 서구인들이 생각하는 것만큼 선명하지 못한 부분도 있다. 우크라이나와 마찬가지로 젤렌스키도 모순으로 가득 차 있다. 우크라이나 사람들은 자유를 사랑하는 민족이지만 유럽에서 가장 부패한 민족 중 하나다. 젤렌스키는 자신의 나라에 대한 사랑을 공개적으로 선언하지만, 그는 수많은 민간인의 죽음, 영토의 상실, 그리고 우크라이나 문화의 절멸로 이어질 수 있는 파괴적인 공격으로부터 나라를 지키는 데 실패했다.

젤렌스키는 용감한가, 무모한가? 러시아와 싸우지 않고는 우크라이나가 서구의 정치적 또는 군사적 기구에 가입하는 것을 푸틴이 결코 허용하지 않으리라는 것을 젤렌스키는 분명 알고 있었다. 지난 20년 동안 푸틴은 냉전의 결과를 뒤집어놓을 계획을 세워왔다.

우크라이나를 서구의 영향권에 빼앗기는 것은 그의 계획에 없었다.

젤렌스키는 종종 러시아를 자극하곤 했다. 수천 명의 러시아 병사들이 우크라이나 국경에 집결하는 순간에도 젤렌스키는 나토 가입을 허락해달라고 공개적으로 호소했다. 이제 러시아 군화가 우크라이나 영토를 유린하는 지금도 그는 푸틴에게 키이우를 융단폭격하라고, 공격 수위를 더 높이라고 자극한다. 베트남전에 관한 유명한 말에 빗대어 말하면, 젤렌스키는 나라를 구하기 위해 자신의 나라가 파괴되는 것을 허락할지도 모른다.

젤렌스키는 우크라이나의 조지 워싱턴으로서 조국을 자유의 길로 이끌기 위해 자기 목숨을 잃을 준비가 되어 있는가? 아니면 단지 연기자의 자아와 극적인 것을 좋아하는 감성의 허세에 이끌리는 것인가? 아마도 둘 다 어느 정도 사실일 것이다. 이 책에 쓰인 균형잡힌 설명을 들으면 이 지정학적 새로운 스타를 어떻게 이해해야할지 판단하는 데 도움이 될 것이다.

레베카 코플러Rebekah Koffler

『푸틴의 각본Putin's Playbook』 저자

차 례

부록

반전의 젤렌스키

배우이자 코미디언인 볼로디미르 젤렌스키는 사람들을 잘 웃겼다. 이제 러시아가 우크라이나를 침공하자 그는 대통령으로서 유럽의 회에서 연설해 기립 박수를 받았다. 간절한 호소로 통역사마저 울먹일 정도였다.

블라디미르 푸틴 치하의 러시아로부터 가공할 폭격에 직면한 상황에서 젤렌스키 대통령이 유럽을 향해 지지를 호소한 것은 웃을 일이 아니었다.

러시아군이 우크라이나 도시를 포위 공격하고 그 과정에서 민간인들을 살상하는 동안, 한때는 슬랩스틱으로 관중을 폭소케 했던 코미디언 대통령이 유럽과 서방 세계에 아직 걸음마 단계인 우크라이나의 민주주의를 지켜줄 것을 간청했다.

미국의 지원을 받는 나토 동맹이 분쟁에 개입하는 데는 한 가지 큰 걸림돌이 있었다. 바로 3차 세계대전 발발에 대한 우려였다.

조 바이든 미국 대통령은 3차 세계대전이 발발할 때까지 나토는 지키겠지만 우크라이나에서 러시아와 싸워 더 큰 갈등을 촉발시킬 위험은 감수하지 않을 거라고 말하며, 러시아가 전쟁 행위로 간주할 비행금지구역의 설정 가능성을 배제했다. 바이든 대통령은 미국인들에게 "우리가 공격용 장비를 투입하고 비행기, 탱크, 열차, 미국인 조종사와 승무원 들을 보내겠다는 마음은 이해가 됩니다. 하지만 착각하지 마세요. 여러분이 뭐라고 하든, 그것이 바로 3차 세계대전입니다."

푸틴의 침략 구실 중 하나는 나치즘을 향해 가는 우크라이나의 행보를 저지한다는 것이었다. 푸틴은 러시아가 최근에 독립을 승인한 돈바스 지역의 시민들을 보호하고 우크라이나를 '비무장화'하고 '탈 나치화'하기 위해 자국 군대의 우크라이나 진입을 명령했다고 주장한다.

'탈나치화'라는 구실은 앞뒤가 맞지 않아 보였다. 우선 우크라이나의 극우 성향 후보들은 2019년에 벌어진 선거에서 전체 투표 수의 2%를 얻는 데 그쳤기 때문이다.

그보다는 러시아의 침략이 구소련(소비에트 연방: Union of Soviet Socialist Republics)을 재건하려는 시도였을 가능성이 크다. 물론 우크라이나의 광물 자원, 특히 철광석과 망간, 석탄, 보크사이트, 천연가스, 석유 등도 탐이 났을 것이다. 또한 푸틴은 이웃 나라가 나토에 가입하는 것이나 서방 세계, 특히 미국과 긴밀한 관계를 맺는 것이 달갑지 않았을 것이다. 러시아군의 침공을 멈추는 조건으로 그는 나토가 우크라이나의 가입을 거부할 것을 요구했다. 어쨌든 우크라이나의 나토 가입 신청이 진행될 가능성은 점점 낮아지고 있다.

2022년 2월 24일 러시아가 침공을 시작했을 때 젤렌스키 대통령의 첫 번째 트윗(현대에는 소셜 미디어가 전쟁 수행의 주요 도구이다) 중 하나는 다음과 같았다. "러시아는 나치 독일이 2차 세계대전에서 했던 것처럼 음흉하게도 아침에 우리나라를 공격했다. 현재 우리 두 나라는 세계사의 다른 편에 서 있다. (러시아는) 악의 길을 걷고 있지만 (우크라이나는) 스스로를 지키고 모스크바의 생각이야 어떻든 자유를 포기하지 않을 것이다."

그의 말은 나치 동조자가 할 수 있는 말이 아니다. 젤렌스키가 유대인의 전멸을 목표로 했던 히틀러 정권에 동조할 가능성은 없다. 그는 유대인 가정에서 태어났고 우크라이나의 첫 유대인 대통령이었다.

러시아와 우크라이나의 역사는 키이우(러시아에서는 키예프)가 고대 국가 루스Rus의 수도가 된 이후 수 세기 동안 이어져 왔다. 그들은 또한 밀접한 관련이 있는 언어를 가지고 있고, 두 나라의 많은 사람들은 혈연관계다.

20세기 초, 두 나라와 인근의 벨라루스Belarus는 공산주의 소련의

슬라브족 중심지가 되었다.

우크라이나와 러시아는 1991년 소련 해체 이후 동맹을 유지해왔지만, 21세기에 접어들면서 우크라이나는 유럽과 좀 더 긴밀한 관계를 모색했다. 특히 그것이 러시아 대통령을 화나게 했다.

지난 2014년 우크라이나에서 친러 정권이 탄핵당하고 친서방 과도 정부가 들어섰을 때 러시아는 친러 성향의 비율이 높은 크림반도Crimea를 병합하는 동시에 우크라이나 동부에 있는 도네츠크와 루간스크의 분리주의 반군을 지지함으로써 추가 침략의 가능성을 분명히 했다.

유럽의 여러 관측통에 따르면, 푸틴이 우크라이나 전면 침공을 명령하는 것은 시간문제였다. 푸틴은 항상 우크라이나인과 러시아인을 한 민족이라고 묘사했는데, 아이러니하게도 'Z'라는 글자가 새겨진 탱크들이 우크라이나로 진입하며 침공을 시작하자마자 우크라이나 민간인을 살상했다.

젤렌스키 대통령은 독일 신문《디 자이트Die Zeit》와의 인터뷰에서 말했다. "침략은 예상했지만 이토록 잔인할 줄은 몰랐다. 러시아군이 민간인에게 하는 짓은 이해할 수 없다. 그들은 아파트 건물에 폭탄을 투하하고 주택가에 미사일을 발사한다. 그런 행위는 전쟁 범죄다."

2022년 3월 1일, 젤렌스키 대통령은 유럽의회에서 연설하며 간

절하게 호소했다. "우리는 아이들이 계속 살아남기를 원합니다. 그것은 응당 그러해야 합니다. 어제 16명의 아이들이 사망했습니다. 이에 대해 푸틴 대통령은 우리의 '조작'일 뿐 군사시설만 폭격하고 있다고 말할 것입니다. 그렇다면 아이들은 어디에 있습니까? 그들이 군수공장에서 일하나요? 그들이 로켓을 만들고 있다는 말입니까? 아이들이 탱크를 몰고 있었다는 건가요? 그는 16명의 아이들을 죽였습니다."

푸틴은 더욱 위협을 가했다. 그는 서구 국가들이 간섭할 경우 초래할 결과를 경고하는 한편 러시아의 핵무기 운용 부대에게 경계 태세 강화를 지시했다. 그러나 서방(그리고 나토)은 3차 세계대전이 발발할 가능성 때문에 '지상군'을 파병하지는 않을 것이다.

젤렌스키 대통령은 유럽의회에 "우리는 자유와 생명을 위해 싸우고 있을 뿐입니다. 확언컨대, 모든 대도시가 봉쇄되어 있지만 누구도 우리의 자유와 국가를 훼손하지 못할 것입니다. 오늘 우리의 모든 도시 광장은 그 이름이 무엇이든 '자유의 광장'이라고 불릴 것입니다. 아무도 우리를 꺾을 수 없습니다. 우리는 흔들리지 않습니다. 우리는 우크라이나인들입니다"라고 연설했다.

결국 어떤 결말을 맞을까? 온 세상이 모두 평화적인 해결책이 있을 거라고 확신하지 못한다. 대부분은 우크라이나 혹은 그 일부가 항복이나 양도를 통해 러시아의 지배 아래 놓이는 결말이 오리라고 믿는다. 아무도 러시아가 평화롭게 후퇴할 것으로 예상하지 않는다.

우크라이나는 러시아가 미처 예상하지 못한 강력한 저항을 펼쳐 단기전의 가능성은 사라졌다. 장기적 갈등, 심지어 이웃 국가들로까지 확산될 가능성이 농후해졌다.

일부 사람들은 러시아에서 푸틴 대통령이 축출될 수도 있다고 가정하지만, 그러한 일이 일어나려면 대규모 폭동이나 암살이 일어나야 한다.

암살은 우크라이나인들이 우려하는 일이다. 보도에 따르면 분쟁 초기 3주 동안 젤렌스키 대통령을 암살하려는 시도가 최소 열두 번 있었다.

그 코미디언은 저항의 고삐를 늦추지 않고 있다. 분명 그는 지금 사람들을 웃기려는 것이 아니다.

1장

티셔츠를 입은 처칠

ZELENSKY

우리는 우리의 권리를 위해 싸웁니다. 자유와 생명 말입니다. 그리고 이제, 우리의 생존을 위해 싸우고 있습니다. 그것이 우리의 가장 큰 동기입니다.

—유럽의회 화상 연설에서(2022.3.1)

───────── 러시아군이 우크라이나를 침공한 지 일주일도 채 지나지 않았을 때 시민들은 지하 대피소로, 지하철역으로 대피하거나 혹은 유머로 스스로를 지키려고 안간힘을 썼다.

푸틴 대통령과 그의 운전기사가 차를 타고 키이우로 가던 중 갑자기 농가 근처에서 돼지를 차로 치여 죽였다.

푸틴은 운전기사에게 농가로 가서 벌어진 일을 알려주라고 말했다. 1시간 후 운전기사는 한 손에는 호릴카(우크라이나 보드카) 병을, 다른 손에는 시가 한 개비를 들고 비틀거리며 차로 돌아왔다.

"무슨 일이 있었던 건가?" 푸틴이 물었다.

"그게 그러니까, 농부는 저에게 호릴카를, 그의 아내는 시가를 한 상자 주었고, 그들의 열아홉 살과 스물한 살 된 딸들은 동시에 나에게 달려들어 저와 미친 듯이 열정적인 사랑을 나누었어요."

"세상에! 도대체 그들에게 뭐라고 했길래?" 푸틴이 말했다.

운전기사가 대답했다. "나는 푸틴 대통령의 운전기사인데, 방금 돼지를 죽였어요."

인터넷에는 이런 농담이 수십, 수백 개가 돌아다녔다. 이는 2019년 5월 20일, 수년 동안 인기를 끌어온 유대인 코미디언에게 72% 이상의 표를 던짐으로써 대통령으로 취임시킨 나라에 완벽하게 어울리는 현상이었다. 신은 유대인을 박해받는 민족으로 만들었지만 그들은 이런 유머 감각 때문에 비참한 현실 속에서도 천 년 이상 살아남을 수 있었다고 믿었다.

러시아가 침공하기 한 달 전인 2022년 1월 25일, 취임한 지 3년이 채 지나지 않은 볼로디미르 젤렌스키는 자신의 44번째 생일을 맞았다. 우크라이나에서 안전하게 탈출시켜주겠다는 제안을 거부한 젤렌스키의 위상은 푸틴의 위상이 떨어지는 속도보다 더 빨리 올라갔다. 그는 2월 26일 아침 트위터에 올린 동영상에서 "우리가 싸울 곳은 여기다. 나는 도망칠 차량이 아니라 탄약이 필요하다"라고 말했다.

얼마 지나지 않아 '티셔츠를 입은 처칠'이라는 별명이 붙여진 이 게릴라 대통령은 국민에게 용기가 무엇인지를 보여주며 서방 세계에 훈계했다. 우크라이나 시간으로 금요일인 2022년 3월 4일, 느지막이 행한 TV 연설에서 그는 "오늘 나토 정상회담이 있었습니다. 유약하고, 혼란스러운 정상회담이었습니다. 회담에서는 유럽의 자유를 지키기 위한 전투가 모든 사람의 최우선 목표가 아니라는 것이 분명했습니다. 오늘 나토 지도부는 러시아의 제공권 장악을 막기 위한 비행금지구역 설정을 거부했고, 이는 러시아에 우크라이나 도시와 마을에 대한 추가 폭격의 청신호를 보냈습니다"라고 말했다.

젤렌스키 대통령은 트위터를 통해 세계 지도자들에게 "방관하지만 말고 도와달라"고 촉구했다.

전날 젤렌스키의 감동적인 탄원은 유럽의회 의원들의 기립 박수와 통역사의 눈물을 불러일으켰다고 ABC 뉴스는 전했다.

볼로디미르 젤렌스키 우크라이나 대통령은 유럽연합(EU)이 러시아와의 전쟁에서 우크라이나를 지지한다는 것을 증명하라고 촉구했다.

"우리는 유럽과 동등한 구성원이 되기 위해 싸우고 있다. 오늘 모든 사람에게 우리가 그런 존재임을 보여주고 있다고 생각한다"고 말했다. 격앙한 젤렌스키는 온라인 화상을 통해 유럽의회 긴급 회의에서 연설했다.

"아무도 우릴 무너뜨리지 못할 겁니다."

티셔츠를 입은 처칠

[전통적으로 겁쟁이를 표현하는 노란색이 국기의 반을 차지하는 우크라이나 대통령 젤렌스키가 그의 국민에게 성공적으로 용기를 촉구하고 불러일으키는 장면은 엄청난 아이러니다.]

우크라이나 국기를 든 많은 유럽연합의 정치인은 #stand withUkraine이란 문구가 쓰인 티셔츠를 입거나, 파란색과 노란색이 섞인 스카프나 리본을 두르고 젤렌스키 대통령에게 기립 박수를 보냈다.

이 연설은 젤렌스키가 유럽연합 가입 신청서를 제출한 후 몇 시간 뒤에 이루어졌다.

리투아니아, 라트비아, 에스토니아, 체코, 불가리아, 슬로바키아, 슬로베니아, 루마니아는 공개 서한을 통해 우크라이나의 신속한 가입을 지지한다고 밝혔다.

러시아가 우크라이나에서 벌인 전쟁은 이제 6일째에 접어들었으며, 수 마일에 걸쳐 러시아 탱크, 장갑차 들이 우크라이나 수도에 접근하며 격렬한 전투를 벌이고 있다.

우크라이나 당국은 러시아군의 포격이 우크라이나 제2의 도시 하르키우Kharkiv에 있는 중앙 광장과 다른 민간 목표물을 공격했다고 밝혔다.

젤렌스키는 침략에 맞서 국민들을 결속하기 위해 키이우에 남아 있다.

"당신들이 우리와 한 편이라는 것을, 우리의 손을 놓지 않을 거란 걸 증명하라. 당신들이 진정한 유럽인이라는 것을 증명하라. 그러면 삶은 죽음을 이기고 빛은 어둠을 이길 것이다."

그는 우크라이나어로 말했고, 영어 통역사는 눈물을 흘렸다.

생중계로 연설을 통역하던 독일어 통역사는 갑자기 통역을 멈추고 울음을 터뜨렸다.

젤렌스키 대통령은 러시아가 2차 세계대전 이후 유럽에서 벌어진 최대의 지상전에서 '테러' 전술을 사용하고 있다고 맹비난했다.

월요일, 그는 우크라이나 전역에서 16명의 아이들이 살해됐다고 말하며, 단지 군사 목표물만을 겨냥하고 있다는 러시아의 주장에 반박했다.

"아이들은 어디에 있나요? 군수공장에서 일하고 있습니까? 아이들이 탱크를 몰고 있었다는 건가요?" 그는 물었다.

벙커 안에서 젤렌스키 대통령은 기자들에게 자신은 대화할 용의가 있지만 러시아는 휴전 협상 전에 우크라이나에 대한 포격을 중단해야 한다고 말했다.

그는 "먼저 사람들에 대한 폭격을 멈추고 그 후에 협상을 시작하자"라고 말했다.

"모두 싸움을 멈추고 싸움이 시작된 진원지를 찾아야 합니다."

그는 또한 나토 회원국이 우크라이나를 가입시킬 준비가 되어 있지 않다면 안전 보장을 해달라고 요청했다.

침공 14일째 되던 날, 젤렌스키는 바이스VICE 뉴스의 벤 솔로몬Ben C. Solomon과 인터뷰를 통해 자신과 그의 나라가 항전할 것임을 거듭 밝혔다. 또한 당시 나토에 대한 그의 견해를 밝혔다.

"무엇보다 나는 나토로부터 안전 보장을 요구합니다. 나는 한 가지는 제대로 압니다. 바로 오늘 현 상황입니다. 현재 우리의 이상과 신뢰가 배신당하고 있다는 것입니다. 우리에게 무기와 다른 필요한 것들을 지원해준 나토 국가들에 감사합니다. 하지만 우리는 동등하기를 원했을 뿐입니다. 그러나 동등해지는 데는 희생이 필요하고 모두가 그것을 얻지는 못한다는 것을 깨닫고 있습니다."

솔로몬이 물었다. "젊은이들에게 전하고 싶은 메시지가 있습니까?"

"나는 그들을 위한 메시지를 생각해낼 수가 없어요. 이들은 독립적이고, 자유롭고, 매우 강합니다. 그들은 모든 것을 견뎌내고, 모든 것을 이겨내고, 불과 물을 헤쳐나갈 것입니다. 우리의 세계가 존재하고 정의가 존재하는 것은 오직 그들 덕분입니다. 내가 그들에게 바라는 게 뭐냐고요? 그들은 정말 훌륭해요. 그대로 변하지 않았으면 좋겠습니다."

"당신은 푸틴과 협상할 수 있나요? 푸틴을 믿을 수 있습니까?" 솔로몬이 인터뷰에서 젤렌스키에게 물었다. "믿는다고요? 아니요. 난 내 가족만 믿어요."

"그러면 믿지 않는 사람과 어떻게 거래를 할 수 있죠?"

"우리는 해야 해요. 할 수밖에 없어요. 왜냐하면 이 전쟁을 멈춰야 하니까요. 방법은 오직 러시아 대통령과 대화뿐입니다. 우크라이나는 러시아와 싸우고 있어요. 그들이 우리 땅, 우리 집, 우리 아이들에게 왔죠. 우리는 그들을 초대하지 않았어요. 하지만 그들은 지금 여기에 있어요. 여기에 말이죠."

"지금 당장 블라디미르 푸틴 대통령에게 전하고 싶은 메시지는 무엇입니까?"

"당장 전쟁을 멈추고 대화를 시작하자는 겁니다."

그의 메시지는 분명했다. 세계 141개국이 유엔 총회 표결에서 러시아의 우크라이나 침공을 불법이라고 비난했다. 하지만 141개국 모두 러시아가 계속해서 국제법을 위반하는 것을 막기 위해 아무런 조치도 취하지 않았다. 푸틴은 손가락질을 많이 받았다. 안토니우 구테흐스^{António Guterres} 유엔 사무총장은 유엔 회원국을 향한 연설에서 "우크라이나에서의 전쟁은 중단되어야 한다"고 촉구했다.

그는 이어서 계속 말했다. "푸틴 대통령, 인류의 이름으로 부탁합니다. 군대를 러시아로 다시 돌리십시오. 인류의 이름으로 부탁합니다. 21세기 초 이래 최악일 수도 있는 전쟁을 유럽에서 시작되게 하지 마십시오. 그것은 우크라이나를 파괴하고, 러시아 연방에 비극일 뿐만 아니라 우리가 코로나 팬데믹으로부터 벗어나고 있는 지금, 많은 개발도상국이 높은 석유 가격, 우크라이나로부터의 밀 수출 중단, 불안정한 국제 시장으로 인한 금리 상승으로 아주 힘든 지금, 절대적으로 세계 경제에 예측할 수 없는 영향을 미칠 수도 있습니다. 이 갈등은 중단되어야 합니다. 지금 당장! 감사합니다."

유엔 결의안은 상임이사국 중 하나인 러시아가 거부권을 행사해 만장일치를 얻을 수 없어 무산되었다. 대신 서방은 긴급 특별총회를 소집해 결의안을 통과시켰다. 이에 따라 유엔 안전보장이사회는 다음과 같은 조치를 취하지 못했다.

"……평화에 대한 위협, 평화의 침해 또는 침략 행위가 있다고 생각될 경우 국제 평화와 안보 유지를 위한 일차적 책무를 행사한다."

유엔 총회 결의는 안전보장이사회 결의와 달리 법적 구속력이 없다. 유엔의 표현에 따르면, 그것들은 "권장사항으로 간주된다. 하지만 상징적인 가치가 크며 국제 여론을 반영한다."

강경한 입장의 안토니오 구테흐스 유엔 사무총장은 결의안이 러시아에 '엄중하고 명백한' 메시지를 보냈다고 말했다. "우크라이나에서의 적대행위를 지금 당장 끝내십시오. 지금 당장 총성을 멈추십시오"라고 말했다. "지금 대화와 외교의 문을 여십시오. 우크라이나의 영토 보전과 주권은 유엔 헌장에 따라 존중되어야 합니다. 지체할 시간이 없습니다." 하지만 이미 아주 많은 시간이 지체되었다.

러시아와 중국이 거부권을 가지고 있는 안전보장이사회에서 러시아의 무력 침공을 저지하기 위한 결의안을 통과시킬 수 없는 유엔은 한마디로 무용지물임이 드러났다.

나토 동맹국들은 우크라이나 상공에 비행금지구역을 설정하고 실행해달라는 우크라이나의 요청이 유럽 전역에 더 크고 파괴적인 분쟁을 야기할 것이라며 거부했다. 옌스 스톨텐베르그Jens Stoltenberg 나토 사무총장은 며칠 전 브뤼셀에서 열린 기자회견에서 "우리는 이 분쟁의 일부가 아니며 그것이 우크라이나를 넘어 확산되지 않도록 할 책임이 있다"고 말함으로써 며칠 전(그리고 그 후에도) 백악관 관리들이 비행금지구역에 대해 발표한 성명을 되풀이했다.

《스펙테이터The Spectator Australia》지는 이 문제에 대한 칼럼을 실었다 (2022년 3월 8일자). "러시아 침략군은 주권국가에서 불법행위를 자행하고 있다. 우크라이나는 더 강력한 침략자로부터 스스로를 방어하기 위해 군사 지원을 요청, 간청하는 민주주의 국가이다. 만약 우크라이나에 대한 지원을, 그것을 제공하는 국가를 위험에 빠뜨린다고 해서 외면한다면 푸틴이 자행하는 일로부터 어떻게 평화를 지켜낼 수 있겠는가?"

"미국, 영국, 독일, 프랑스 등 주요 강대국과 참여를 원하는 다른 국가들은 임시 유엔군과 같은 것을 구성하여 목표를 나누어 유엔이 해야 할 일을 해야 한다. 검증된 군사 지도자의 작전 지휘하에 '국제연합 평화유지군'은 비행금지구역을 순찰하거나 혹은 우크라이나 지상군을 지원하는 등으로 작전을 확대할 수도 있을 것이다."

또 3월 9일자《디 오스트레일리아The Australian》지에 구독자인 글렌 R. 심슨Glenn R. Simpson이 보낸 편지는 또 다른 가능성을 제안했다. 그는 다음과 같이 썼다.

우크라이나 사태에 대한 해결책을 찾자면, 안전보장이사회 결의를 통해 유엔이 승인한 평화 유지군이겠지만, 그러한 결의안은 러시아에 의해 거부될 것이다. 그러나 유엔 헌장을 보면 러시아 연방이 아닌 구소련이 안전보장이사회 상임이사국이며, 러시아 연방은 구소련의 일부만을 대표하는 후계국 중 하나임에도 의례와 일반적인 합의에 따라 그 자리를 승계했다.

그러한 의례는 철회되어야 하며, 안전보장이사회의 의석은 소련이 멸망함에 따라 소멸되었다고 총회에서 선언되어야 한다. 그러면 러시아 연방에 철군을 요구하는 새로운 결의안이 안전보장이사회에 제출될 수도 있고, 러시아는 1949~52년 한국에서 일어난 전쟁에서처럼 연합 유엔군을 맞닥뜨릴 수도 있다.

이에 앞서 침공 전날인 2월 24일 젤렌스키의 비디오 연설(아래 번역되어 있음)은 전쟁을 피하려는 그의 결의를 보여주었다.

"나는 오늘 러시아 연방 대통령에게 전화 통화를 시도했습니다. 결과는 침묵이었습니다. 하지만 침묵은 돈바스에서 들려야 합니다. 그래서 나는 오늘 러시아 국민에게 말하고자 합니다. 우크라이나의 대통령으로서가 아니라 시민으로서 당신들에게 말하고 있습니다. 우리는 2천 킬로미터가 넘는 국경을 접하고 있습니다. 이 국경을 따라 당신들의 부대가 주둔하고 있습니다. 거의 군인 20만 명과 군용 차량 수천 대에 달합니다. 당신의 지도자들은 그들이 다른 나라의 영토로 진군하도록 승인했습니다. 이 조치로 인해 유럽 대륙에서 큰 전쟁이 시작될 수도 있습니다.

우리는 전쟁이 필요하지 않습니다. 냉전, 열전, 하이브리드전 등 어떤 전쟁도 필요 없습니다. 하지만 만약 적이 우리를 공격한다면, 그들이 우리의 영토, 자유, 생명을 빼앗으려 한다면 우리는 우리를 지킬 것입니다. 그리고 당신들은 우리의 얼굴을 보게 될 것입니다. 우리의 등이 아니라, 얼굴을.

전쟁은 크나큰 재앙이고, 이 재앙에는 커다란 희생이 따릅니다. 말 그대로 어마어마한 희생이죠. 사람들은 돈, 명성, 삶의 질과 자유를 잃습니다. 하지만 가장 중요한 건 사랑하는 사람을 잃고 자신을 잃는다는 것입니다.

우크라이나가 러시아에 위협이 된다고 그들은 말했습니다. 하지만 그것은 과거에도, 현재에도, 미래에도 사실이 아닙니다. 당신들은 나토에 안전 보장을 요구하지만, 우리 또한 안전 보장을 요구합니다. 당신들 러시아로부터의 안전 보장, 그리고 부다페스트 안전보장각서Budapest Memorandum에 명시된 보장을 말입니다.

그러나 우리의 주된 목표는 우크라이나의 평화와 우크라이나인들의 안전입니다. 이를 위해 우리는 당신들을 포함한 모든 사람과 어떤 형식, 어떤 플랫폼으로든 대화할 준비가 되어 있습니다.

전쟁은 모든 사람을 안전하지 못하게 합니다. 누구도 더는 안전을 보장받을 수 없습니다. 누가 가장 큰 고통을 받을까요? 바로 일반인들입니다. 누가 그것을 막을 수 있을까? 바로 일반인들입니다. 여러분 중에도 그런 사람이 있나요? 나는 그러리라고 확신합니다.

나는 러시아 정부가 내 연설을 러시아 TV에 방송하지 않으리라는 것을 알지만, 러시아 국민은 내 연설을 꼭 봐야 합니다. 그들은 진실을 알아야 합니다. 그 진실은 너무 늦기 전에 지금 멈춰야 할 때라는 것입니다. 만약 러시아 지도자들이 평화를 위해 우리와 함께 협상 테이블에 앉기를 원하지 않는다면, 여러분이 그들과 함께 테이블에 앉을 수도 있습니다. 러시아인들은 전쟁을 원하나요? 나는 답을 알고 싶습니다. 답은 러시아 연방 시민 여러분에게 달려 있습니다."

침공 위협이 우크라이나에 먹구름을 드리우고 서방 지도자들이 안절부절못하고 있을 때, 예상된 러시아의 진군 시기(2월 16일)에 대해 그가 비꼬는 투로 한 말(지금은 널리 알려졌지만 당시에는 오해를 샀던)은 지난 2월 14일 우크라이나의 단합을 위해 그가 행한 연설에도 들어 있다.

위대한 나라의 위대한 국민 여러분! 지금 이 긴박한 상황에서 여러분에게 말합니다.

우리나라는 저와 우리 모두의 책임, 자신감, 구체적인 행동이 필요한 심각한 내외부 도전에 직면해 있습니다.

우리는 전쟁의 위협을 받고 있고, 군사 침략의 날짜가 정해지고 있습니다. 이번이 처음은 아닙니다.

우리에 대한 전쟁은 모든 전선에서 조직적으로 전개되고 있습니다. 군사적으로 그들은 국경 주변에 파견 군대를 증원하고 있습니다. 외교적으로 그들은 우리가 독자적으로 외교 정책 방향을 결정할 수 있는 권리를 박탈하려고 합니다. 에너지에 관련해서는 가스, 전기, 석탄의 공급을 제한하고 있습니다. 정보 면에서는 언론을 통해 시민과 투자자 사이에 패닉을 퍼뜨리려 합니다.

하지만 오늘날 우크라이나는 그 어느 때보다 강력합니다.

강한 우크라이나 국민이 직면한 위협은 이번이 처음은 아닙니다. 2년 전, 전 세계와 마찬가지로 우리도 코로나 팬데믹으로 혼란을 겪었습니다. 그러나 서로 합심하여 명확하고 체계적인 조치로 사실상 그것을 물리쳤습니다. 이 어려운 시기에, 강한 우크라이나 국민은 단합과 승리에 대한 의지라는 자신들의 최고의 자질을 보여주었습니다.

2년 전 팬데믹 때와 달리 오늘날 우리는 직면한 모든 도전 앞에서 무엇을 해야 하는지 분명히 이해하고 있습니다. 자신감은 있지만 자만심은 아닙니다. 우리는 모든 위험을 이해합니다. 항상 상황을 주시하고, 다른 시나리오들을 만들고, 가능한 한 모든 공격적인 행동에 적절한 대응을 준비하고 있습니다.

타국의 군대가 우리 국경 근처 어디에 있는지, 그것의 규모와 위치, 장비, 계획까지도 정확히 알고 있습니다.

우리에겐 대응 수단이 있습니다. 강한 군대가 있습니다. 병사들은 독특한 전투 경험과 현대식 무기를 가지고 있습니다. 이들은 8년 전에 비해 몇 배나 더 강력해졌습니다.

군대와 더불어 우크라이나 외교는 우리의 이익을 지키는 최전선에 있습니다. 문명 세계의 거의 모든 지도자로부터 외교적 지원을 받아왔습니다. 이들 대부분은 이미 우크라이나를 방문하고 지원했거나 가까운 장래에 지원할 예정입니다. 오늘날, 모든 사람은 유럽과 대륙 전체의 안보가 우크라이나와 그 군대에 달려 있다는 것을 인식하고 있습니다.

우리는 평화를 원하고 모든 문제를 전적으로 협상을 통해 해결하고자 합니다. 돈바스와 크림반도는 전적으로 외교를 통해 우리에게 반환될 것입니다. 우리는 우리의 것이 아니라면 침해하지 않지만, 우리의 땅을 포기하지는 않을 것입니다.

우리의 군을 신뢰하듯이 군대도 우리의 지지와 결속력, 단결력을 느껴야만 합니다. 우리 군대의 발판은 자국민의 신뢰와 강한 경제력입니다.

우리는 흐리우냐hryvnia 환율과 금융 시스템에 대한 공격을 물리치기 위해 충분한 예비금을 준비했습니다. 얼마 전 항공사에서 일어난 일처럼, 우리는 정부의 지원이 필요한 어떤 산업도 무시하지 않을 것입니다. 그리고 그 증거는 안정된 흐리우냐 환율과 개방된 영공입니다.

방어해야 할 중요한 전선은 국내 언론의 객관적인 보도입니다. 나는 이제 우크라이나 기자들에게 말하고 싶습니다. 여러분 중에는 때때로 언론 매체 소유주를 위해 일하는 사람이 있습니다. 소유주들 대부분은 이미 고국을 떠났습니다. 도망친 사람들을 위해 일하지 말고 우크라이나를 위해 일하십시오. 오늘 나라의 운명은 당신의 정직한 입장에 달려 있습니다.

그리고 우크라이나를 지키지 않고 가장 결정적인 순간에 이곳을 떠난 사람들에게 말하고 싶습니다. 당신의 힘은 돈과 비행기에 있는 것이 아니라 당신이 보여줄 수 있는 시민의 위치에 있습니다. 당신들에게 공장과 부를 얻게 해준 사람들과 나라로 돌아오십시오. 오늘날, 우리는 우크라이나 시민이 되기 위한 진짜 시험을 통과하고 있습니다. 품위 있게 그것을 통과하십시오. 우크라이나를 진정한 모국으로 생각하는 사람이 누구인지, 그저 그것을 돈벌이를 위한 플랫폼으로 생각하는 사람이 누구인지 알게 하십시오.

나는 국가의 모든 대표자, 즉 공무원들, 국외로 도피했거나 그럴 예정인 모든 계층의 인민 대표에게 특히 말합니다. 우크라이나 국민들은 당신들에게 국가를 통치하는 일뿐만 아니라 나라를 지키는 일도 맡겼습니다. 이 상황에서 우크라이나 국민과 함께하는 것은 당신의 의무입니다. 24시간 안에 고국으로 돌아와 우크라이나 군대와 외교, 국민과 함께할 것을 촉구합니다.

2월 16일이 공격일이 될 것이라고 들었습니다. 우리는 그날을 단결의 날로 만들 것입니다. 관련 법령은 이미 서명되었습니다. 그날, 우리는 국기를 게양하고, 파란색과 노란색 리본을 달고, 세계에 우리의 단결을 보여줄 것입니다.

우리는 위대한 유럽의 큰 염원을 가지고 있습니다. 자유를 원하며 그것을 위해 싸울 준비가 되었습니다. 그간 우크라이나 동부 지역의 8년간 분쟁으로 죽은 1만 4천 명의 군인과 민간인 들이 하늘에서 지켜보고 있습니다. 우리는 그들에 대한 기억을 배신하지 않을 것입니다.

모두 행복하게 살고 싶고, 행복은 강한 사람을 사랑합니다. 우리는 포기가 무엇인지 전혀 알지 못하고, 앞으로도 배우지 않을 것입니다.

오늘은 그저 흔한 밸런타인데이가 아닙니다. 우크라이나를 사랑하는 사람들의 날입니다. 우리는 자신의 힘을 믿고 앞으로도 함께 미래를 건설해나갈 것입니다. 우크라이나에 대한 사랑으로 단결했기 때문에 우리는 단합되어 있고 특별합니다.

사랑은 승리할 것입니다. 지금 여러분은 사방이 어둠뿐이라고 생각할지도 모릅니다. 하지만 내일은 평화로운 하늘 위로 태양이 다시 떠오를 것입니다.

우크라이나를 사랑합니다!

우리는 동요하지 않습니다! 우린 강합니다! 우린 함께입니다! 위대한 나라의 위대한 국민들입니다.

젤렌스키와 우크라이나는 모든 곳에서 지지를 받고 있었다. 예를 들어, 호주의 스콧 모리슨Scott Morrison 총리는 젤렌스키와 비공개 통화를 하며 호주가 우크라이나를 더 지원하는 방안을 논의했다. 총리는 3월 5일 트위터를 통해 모든 호주인을 대표해 러시아의 행동을 "규탄한다"고 밝혔다. "방금 젤렌스키 우크라이나 대통령과 통화했습니다. 그는 우리의 군사적·인도적 지원과 러시아에 대한 광범위한 제재에 대해 호주에 감사를 표했습니다. 우리는 더 도울 수 있는 방법을 논의했습니다. 러시아의 침략에 맞선 우크라이나의 용기를 칭찬하고 우리 모두를 대신해 러시아의 행동을 규탄했습니다."

《메일온라인MailOnline》의 댄 우튼Dan Wootton은 3월 1일자 칼럼에서 새롭게 자발적으로 만들어진 세계적인 젤렌스키 치하 분위기를 포착했다.

오, 사람들이 얼마나 킥킥거렸던가.

2019년 몸 개그로 유명했던 코미디언 볼로디미르 젤렌스키가 반부패 공약을 내세워 73% 득표율로 친러 성향의 상대를 누르고 우크라이나 대통령으로 당선되었을 때 주류 언론은 그의 비상을 일종의 농담으로 다뤘다.

"우크라이나 사람들은 오늘 아침에 일어나 지난 몇 달이 꿈이 아니었음을 깨달았습니다. 정말로 그들은 현재 텔레비전 시리즈에 나오는 사람을 대통령으로, 실제 차기 대통령으로 선출했습니다." 일찍이 그를 '모지리'라고 불렀던 BBC는 그의 역사적인 당선 후 몇 시간도 지나지 않아 조롱했다.

평론가들은 더 가혹했다.

유명한 우크라이나 작가 옥사나 자부즈코Oksana Zabuzhko는 다음과 같이 썼다. "내게는 멍청한 우크라이나 사람들을 위해 이 모든 줄거리를 꾸며낸 대본 작가들이 스크린 밖에서 웃는 소리가 들린다."

하지만 이제는 아무도 젤렌스키를 비웃지 않는다.

우크라이나 대통령은 자신들이 대변하는 국민에 대해 전혀 관심없는 겁쟁이 현대 정치가들과는 다르다는 것을 보여줬다. 그는 블라디미르 푸틴이 거의 확실하게 감행할 공격으로부터 수도 키이우를 지키기 위해 동료 우크라이나인들과 함께 죽을 각오가 되어 있다.

러시아군이 계속해서 키이우를 포위하는 가운데, 이번 주말 미국 당국으로부터 대피 제안을 받았을 때 44세의 그는 할리우드 액션 영화의 대사를 그대로 전했다. "나는 도망칠 차량이 아니라 탄약이 필요합니다."

칭얼대는 프랑스의 마크롱Emmanuel Macron, 응석받이 캐나다의 트뤼도Justin Trudeau 또는 뇌사 상태의 미국 바이든 대통령이 같은 상황에 처해 있다면 그들 중 누구라도 저런 반응을 보이리라고 믿을 수 있겠는가?

작년에 탈레반이 근처까지 왔다는 것이 공식적으로 확인되기도 전에 현금을 가득 들고 카불을 빠져나오기 위해 미국 헬리콥터에 올라탄 아프가니스탄의 전 대통령 아슈라프 가니Ashraf Ghani의 반응은 분명 저렇지 않았다.

젤렌스키와 최근 통화한 영국 총리 보리스 존슨Boris Johnson이 이렇게 말한 것은 전혀 놀랍지 않다. "세상에, 저 친구는 용감하군."

왜냐하면 젤렌스키와 그의 아내이자 시나리오 작가 올레나 젤렌스키 그리고 딸 올렉산드라(17)와 아들 키릴로(9)의 목숨이 위태롭다는 것은 의심의 여지가 없기 때문이다.

그들은 푸틴의 '최우선 목표물'이다. 이미 그 도시에서 암약

하는 400명의 잔혹한 러시아 용병들이 그들을 살해하라는 명령을 받았다고 《타임스》가 오늘 보도했다.

한때 러시아의 코미디 스타였지만 어느 대본 작가도 예상하지 못할 반전의 드라마를 쓰고, 지금은 러시아가 죽이려 혈안이 된 젤렌스키는 세계적인 영웅이 되었다.

쇼 비즈니스에서 쌓은 젤렌스키의 경험은(그는 우크라이나 춤 경연대회의 우승자이기도 하고 가족 코미디 애니메이션 영화 〈패딩턴 Paddington〉의 주인공 곰의 목소리를 맡았던 성우이기도 하다) 선전 활동에서 우크라이나가 압승을 거두도록 해주었다.

공식 채널과 소셜 미디어를 통한 그의 강력한 연설은 이미 이 갈등의 진로를 바꾸어놓았다.

사실, 지난 한 주 동안 행한 그의 연설 중 일부는 너무 강렬해서 TV 통역사들은 감정을 억누르지 못해 말을 멈춰야 했다.

"우리를 공격한다면, 당신은 우리의 등이 아니라 얼굴을 보게 될 것입니다"라는 말은 푸틴에 대한 강력한 조롱이었다.

또는 2월 19일 뮌헨 안보회의에서 한 연설에서 그는 "학교 운동장에 폭탄 분화구가 생길 때 아이들은 질문합니다. '세상은 20세기의 실수를 잊은 것일까?' 무관심은 여러분을 공범으로 만듭니다"라고 말함으로써 온 세상이 다가오는 공포를 깨닫게 만들었다.

젤렌스키가 수도에서 도망쳤다는 거짓 정보를 유포하자 그는 휴대전화를 들고 거리로 나가 셀피 비디오를 만들어 인터넷에 올리면서 국민들에게 그가 어디에도 가지 않을 것이라고 안심시켰다.

"우리는 모두 여기 있습니다. 우리 군대, 시민 들도 여기 있습니다. 우리는 모두 독립과 조국을 방어하고 있으며, 앞으로도 계속 그럴 것입니다"라고 그는 주장했다.

러시아 침공 직후 유럽연합 지도자들(갈등에 연루되기를 꺼리는)과의 화상 통화에서 그는 그들에게 "내가 살아 있는 모습을 마지막으로 보는 것일 수 있습니다"라고 경고했다.

2015년에 시작해 2019년 종영한 TV 시리즈 〈국민의 일꾼 Servant of the People〉에서 젤렌스키가 맡았던 고등학교 역사 교사가 말했을 법한 강력한 대사들이다. 학생들은 교사 역의 젤렌스키가 부정부패에 찌든 정부에 대해 장광설을 펼치는 것을 몰래 녹화해 인터넷에 올리고, 그것이 널리 퍼지며 인기를 끌게 되어 결국 대통령에 당선되는 인물이다.

슬리피 조 바이든('졸린 조Sleepy Joe'는 트럼프 전 대통령이 바이든을 보면 지루하다고 붙인 별명-옮긴이)에서 미스터 권위주의자인 블랙페이스 저스틴 트뤼도(흑인 분장blackface을 하고 파티에 참석해 물의를 빚었던 일을 빗댄 별명-옮긴이)에 이르기까지 전 세계 정치인들이 취임 후 웃음거리가 되었지만 젤렌스키는 불과 몇 주 만에 코미디언에서 정치인으로 변신했다.

젤렌스키의 말과 영국의 대외 첩보기관(MI6 또는 SIS)의 책임자인 리처드 무어Richard Moore의 말을 비교해보라.

도대체 무슨 이유에서였는지는 알 수 없지만, 우크라이나의 위기 동안 무어는 "우크라이나에서 비극과 파괴가 참혹하게 전개되는 가운데, 우리는 푸틴과 우리를 구별짓는 가치와 어렵게 얻은 자유(성소수자LGBT+의 권리를 포함하는)를 기억해야 한다"는 트윗을 하며 동성애자들의 권리에 관해 이야기했다.

얼마나 터무니없는 짓거리인가? 푸틴과 중국의 시진핑이 우리를 계속 경멸하는 것은 당연하다.

그러나 녹색 군복을 입고 한때 춤 경연대회에서 단련되었던 몸매를 과시하는 강경파 젤렌스키는 푸틴에게 훨씬 더 강한 상대다.

그의 진실성과 러시아어로 직접 러시아인들에게 호소하는 능력은 많은 사람을 설득하여 그의 주장을 지지하도록 만들었고, 모스크바와 상트페테르부르크 거리에서 대규모 반전 시위를 일으키는 데 영향을 미쳤다.

80년 만에 처음으로 이루어진 초강대국에 의한 주권국가의 불법 침략을 우크라이나에서 나치를 몰아내기 위한 것이라고 선전하는 푸틴을 무력화하는 데는 젤렌스키의 개인사도 도움이 되었다.

그는 유대인 집안 출신이다. 할아버지 세묜 이바노비치Semyon Ivanovych는 사 형제 중 홀로코스트에서 유일하게 살아남았고, 다른 형제들은 모두 나치에 의해 살해되었다.

젤렌스키는 믿을 수 없다는 투로 지적했다. "어떻게 내가 나치가 될 수 있단 말인가? 소련군 보병으로 전쟁에 참전한 후 독립한 우크라이나에서 대령으로 돌아가신 할아버지께 설명해보라."

젤렌스키는 전쟁 전에는 도널드 트럼프가 미 의회에서 탄핵을 당하는 발단이 된 전화 통화의 당사자로 유명했다. 그는 푸틴이 우크라이나와 전쟁하기로 결정하기 전까지 여론조사에서 지지율이 저조했다. 공약대로 만연한 부패를 척결하지 못했기 때문이다.

그와 억만장자 재벌인 이호르 콜로모이스키Igor Kolomoisky와의 친분은 사람들의 눈살을 찌푸리게 했고 비평가들은 그가 영국과 미국의 정보에도 불구하고 전쟁을 피할 수 있다고 그에게 잘못된 확신을 주었을지도 모르는 많은 친러, 반서방 고문들에게 둘러싸여 있다고 말했다.

하지만 지금은 그 어떤 것도 빛을 잃었다.

지도자들은 전시에서 보여주는 행동으로 역사의 평가를 받는다.

젤렌스키의 접근 방식은 매우 효과적이었으며, 좀 더 강력한 제재와 더 많은 군사 물자를 얻어냈고, 서방 세계에 푸틴에 대한 유화책을 중단하라는 압력을 가했다.

소셜 미디어에 직접 게시되는 그의 역사적인 뉴스 클립을 보기 위해 그의 트위터엔 300만 명, 인스타그램엔 1,200만 명 넘게 팔로잉하고 있다.

그 이전의 도널드 트럼프처럼 그는 편집증적인, 대본을 읊는 로봇처럼 변해버린 현대 정치인에게서는 찾아보기 힘든 진정성을 보여준다. 예를 들어 우크라이나 사태에 대한 기자회견에서 바이든은 언제나 부적절한 웃음을 짓는다.

젤렌스키는 지금 세계적인 영웅이지만, 뛰어난 국제적 살인 조직을 거느린 푸틴이 그의 죽음을 원하기 때문에 그가 전쟁에서 살아남을지는 예측할 수 없다.

가장 감동적인 것은 젤렌스키가 굳이 정치에 입문할 필요는 없었다는 점이다. 2014년 우크라이나 군대를 지원하기 위해 돈을 기부하기 전까지 그는 전국적인 인기를 누렸고, 수백만 달러의 예금과 호화 별장, 그리고 매우 성공적인 직업을 러시아에서 가지고 있었다.

젤렌스키는 이렇게 말한 적이 있다. "대통령이 되기 위해서는 경험이 필요하지 않습니다. 그저 괜찮은 사람이기만 하면 됩니다." 그리고 그런 타고난 사람 됨됨이가 미국 헬리콥터를 타고 도망가기보다 키이우에서 시민들과 함께 죽기를 선택한 이유이기도 하다.

나는 이런 고무적인 인물이 우크라이나를 수렁에서 벗어나게 할 수 있기를 바란다. 세계는 그 때문에 더 좋은 곳이 될 것이다.

사실, 정치적 경험보다 '괜찮은 인간됨'을 갖춘 것이 더 나은 결과를 가져올지 모른다.

물론 그에게 영웅의 광채를 입혀준 것은 그의 감동적인 연설만이 아니다. 그의 처칠식 발언보다 더 주목을 끈 것은 러시아에 맞선 그의 반항적인 태도였다.

그는 영국 하원에게 화상 연설을 하며 러시아에 저항하는 자기 나라의 싸움을 나치 독일에 대한 영국의 싸움과 비교했다. "나치가 나라를 빼앗으려 했을 때 당신들은 나라를 잃지 않으려 했습니다." 윈스턴 처칠을 언급하며 그는 우크라이나가 "어떤 대가를 치르더라도 우리 영토를 지키기 위해 계속 싸울 것입니다. 숲에서 들판에서 해안에서 거리에서 우리는 싸울 것입니다"라고 말했다.

(처칠에 대한 기억에 관해 말하자면…… 몇 주 후 폴란드, 체코, 슬로베니아 총리가 비밀리에 기차를 타고 키이우로 들어가 젤렌스키를 만났는데, 이는 루스벨트 미국 대통령이 카사블랑카에서 처칠을 만나기 위해 비행기를 타고 갔던 때를 연상시킨다.)

2022년 3월 8일 오후 5시, 젤렌스키는 영국 양원에 준비된 비공식 석상에서 비회원국으로서는 최초로 연설을 하면서(보통 세계 정상들은 로열 갤러리나 웨스트민스터 홀에서 연설한다) 의원들의 머리 위쪽에 있는 대형화면에 모습을 드러냈다.

그의 짧은 연설 이후 영국의 여야 정치인들은 모두 박수갈채를 보내고 지지를 약속했지만, 그가 계속해서 요구한 비행금지구역 설정에 대해서는 여전히 아무 응답을 받지 못했고 보리스 존슨 총리나 야당 대표인 키어 스타머Keir Starmer의 답변 연설에서도 언급되지 않았다. (그러나 미국은 러시아에 대한 에너지 금수 조치를 곧 발표했다.)

그러나 젤렌스키의 서방을 향한 거듭된 호소보다 우크라이나의 위험한 거리에서 시민들과 연대하는 모습의 비디오 클립에서 지도자의 모습을 분명히 보여주었다.

대통령이 되기 전까지의 그의 인생 이력은 성공한 우크라이나 출신 연예인이 흔히 가질 만한 것이었다. 자신의 TV 쇼 이름인 '국민의 일꾼'을 자신의 정당 이름으로 채택한 결정도 마찬가지였다. 서양 문화에서 그런 짓은 경솔하게 보일 수 있다. 하지만 동유럽의 문화에서 그리고 정치인을 국민의 일꾼이라고 여기는 나라에서 그것은 적절한 약속처럼 보였다. 그것은 흔한 말로 사람들의 심금을 울렸다. 젤렌스키는 또한 자신의 쇼 줄거리(배우 혹은 코미디언이 인기 있는 대통령이 되는 이야기)를 정치적 행로로 채택했다.

그의 당은 TV 제작사인 크바르탈^{Kvartal}95 창립자들이 2018년 3월에 만들었다. 설립 후 1년이 지났을 때 젤렌스키는 《슈피겔》지와의 인터뷰에서 "가능한 한 정치적 기득권층의 분위기와 성격을 바꾸고 싶기 때문에 전문적이고 품위 있는 사람들을 권좌에 앉히고 싶다"고 선언했다. 정치에 관록이 있는 사람들은 유럽에서 가장 부패한 나라 중 하나인 우크라이나에서 그가 하는 말을 듣고 등 뒤에서 그를 비웃었을 것이다. 하지만 그들은 과반수의 표를 얻지 못했다. 또한 젤렌스키처럼 여론조사에서 국민들이 가장 선호하는 후보로 드러나지도 않았다.

많은 사람은 그가 당선되었을 때 언론 매체의 헤드라인을 기억할 것이다. BBC는 "우크라이나 선거: 코미디언 젤렌스키가 압도적인 표차로 대통령에 당선되다"라고 보도했다. 아무것도 재미가 없을 때 사람들을 웃게 하는 것은 그의 멋진 유머였을까? 아니면 정치가 깨끗해야 한다는 그의 구태의연한(하지만 낭만적인) 생각이었을까? 그의 외모 때문은 아니었다. 못생기지도 잘생기지도 않은 그는……
글쎄, 평범하지만 유쾌한 얼굴, 뾰족한 턱, 그리고 단정한 헤어스타일을 하고 있었다. 같은 학교에 다녔지만 나중에야 알게 된 올레나 키야시코Olena Kiyashko와 2003년에 결혼했다. 그녀는 크바르탈95에서 작가로 일했다. 두 사람에겐 2002년 7월에 태어난 딸 올렉산드라 와 2013년 1월에 태어난 아들 키릴로가 있다.

할리우드의 전성기에 그의 영화가 만들어졌다면 젤렌스키는 지미 스튜어트가 연기했을 것이다. 요즘이라면 아마도 톰 행크스?…… 러 시아의 침략 이후 언론이 그에게 몰려들었을 때《이코노미스트》는 모든 적을 눈빛만으로 압도하는 거친 동네 출신의 소년으로 젤렌스 키를 묘사했다.

젤렌스키는 1978년 우크라이나 남동부의 전형적인 소련풍 공업 도시 크리비리흐Kryvyi Rih에서 태어났다. 그가 가장 좋아하는 영화는 〈원스 어폰 어 타임 인 아메리카〉였다. 칼을 휘두르는 마을 폭력배 들 사이에서 살아남으려면 유머 감각과 대담함, 그리고 의지할 수 있는 패거리가 있어야 했다. 젤렌스키는 이 모든 것을 넘치게 가지 고 있었다.

그는 2019년에 갑자기 정계에 등장했다. 그는 우크라이나어를 사용하는 서부 우크라이나인 후보자도 러시아어를 사용하는 동부 우크라이나인 후보자도 아니었다. 그는 우크라이나 정치인들과 크 렘린이 오랫동안 해온 것처럼 언어, 역사, 민족의 분열을 부추겨 인 기를 얻으려 하지 않았다.

아마도 부분적으로는 그런 노력의 결과로, 최근 어느 때보다도 나라를 단합하게 만들었을 것이다. 젤렌스키는 민족주의나 이념에 이끌리지 않았다. 그는 혁명가도 아니었다. 다른 사람과 다를 바 없는 평범한 사람이었다.

우크라이나 언론인이자 주요 온라인 뉴스 사이트인 우크라인스카 프라브다Ukrainska Pravda의 편집자인 세브길 무사에바는 "젤렌스키는 사자처럼 싸우고 있고, 온 우크라이나가 그의 편에 섰다"라고 말한다.

2022년 2월과 3월의 일부 뉴스 보도에서는 푸틴의 사주로 젤렌스키를 암살하려는 팀 중 하나로 민간 군사회사(PMC) 바그너 그룹을 지목했다. 강인한 인상의 드미트리 발레리예비치 우트킨이 독일 작곡가 바그너에게 경의를 표하기 위해 붙인 부대의 이름은 제3 제국에 대한 그의 열정을 보여주는데, 이들은 2014년 이래 활발하게 국제적으로 활동하고 있다. 우트킨은 러시아 정찰총국(GRU)의 특수부대 중령이자 여단장이었다.

2016년 12월 러시아 연방이 크렘린에서 베푼 리셉션에서 그는 '용기 훈장Order of Courage'과 영웅이란 칭호를 수여받고 푸틴 대통령과 함께 사진을 찍었다.

그러나 궁극적으로 바그너 그룹의 배후에서 재정을 대주는 사람은 일명 '푸틴의 요리사'로 불리는 예브게니 프리고진Yevgeniy Prigozhin

이다. 그의 별명은 그가 푸틴과 얼마나 친밀한지, 그가 얼마나 음식에 관심이 많은지를 보여준다.

러시아와 일부 서방 관측통은 이 조직이 실제로는 ('푸틴의 요리사'가 소유한) 민간 군사회사가 아니라 러시아 국방부(MoD)의 위장 조직으로 궁극적으로 러시아 정부 소속이라고 믿고 있다.

그 증거로, 바그너에는 현재 약 6천 명의 구성원이 있는 것으로 추산되며, 크라스노다르 지방의 몰킨 마을 근처에 있는 러시아 국방부 시설인 몰키노Molkino에서 훈련을 받고 있다. 아이들을 위한 휴가 캠프로 위장된 이 병영은 공식적으로는 국방부와 관련이 없다.

『무기와 전장Weapons and Warfare』(전쟁 백과사전)에 따르면 바그너 직원들은 2014년 러시아의 크림반도 점령에 참전해 우크라이나 동부에서 분리 독립을 시도하는 러시아 분리주의자들을 도왔던 '리틀 그린맨'들이다. 이들 분쟁에 연루된 바그너는 미국 정부의 거듭된 제재의 표적이 되곤 했다. 2016년 미국 재무부는 프리고진이 러시아 국방부와 대규모 사업 거래를 한 것, 우크라이나에서 러시아의 군사 행동을 지원하기 위한 기지를 건설한 것에 대해 행정명령으로 제재를 가했다.

《디 인터셉트The Intercept》(미국의 비영리 뉴스 조직)에 따르면, 블랙워터 민간 군사회사의 설립자인 에릭 프린스는 2020년 초 리비아와 모잠비크에서 바그너 그룹에 군사 서비스를 제공하려고 했다. 2021

년 3월 무렵에도 짐바브웨, 앙골라, 기니, 기니비사우, 콩고민주공화국에도 바그너 민간 군사회사가 배치된 것으로 알려졌다.

위키피디아에 따르면 2019년 말 바그너사 직원들이 따라야 할 10계명을 나열한 이른바 바그너 명예 규범의 내용이 드러났다. 언제나 어디에서나 러시아의 이익을 보호할 것, 러시아 군인의 명예를 중시할 것, 돈이 아니라 언제나 어디서나 승리한다는 원칙을 위해 싸울 것 등이 그 내용이다.

우크라이나 정부는 (러시아 연방 보안국 내 반전주의자들의 도움으로) 세 번의 암살 시도를 무산시킨 이후, 만에 하나 암살 시도가 성공한다면 후계자에게 원활하게 권력을 이양하기 위한 계획을 세워왔다.

3월 7일 젤렌스키는 자신의 위치를 공개하며 "나는 아무도 두렵지 않고 숨지도 않는다"라고 말하며 고국에 남아서 싸우겠다고 거듭 강조했다.

전 세계 정치권이나 대중은 모두 이번 침공이 푸틴의 독단적인 행위라고 생각한다.

러시아 방송의 파리다 루스타모바Farida Rustamova는 뉴스레터 서비스 플랫폼 '서브스택Substack'에 기고한 글에서 침공 며칠 전 푸틴의 최측근 참모들이 보인 태도를 다음과 같이 묘사했다.

전직 보안 관료였던 푸틴은 항상 사람들의 허를 찌르고 싶어

한다. 우리는 이런 모습을 전쟁 3일 전에 안전보장이사회의 긴급 연장 회의에서도 보았다. 세르게이 나리슈킨 외교 정보국장은 말을 더듬었고, 부총리인 드미트리 코작은 혼란에 빠진 것처럼 보였으며, 세르게이 소비아닌 모스크바 시장은 불안한 표정을 감추지 못했다. 이들의 행동은 웅변 이상으로 많은 것을 말하고 있었다.

러시아에서 가장 영향력 있는 사람들이 번개 시험을 발표하는 선생님 앞에 초등학생처럼 앉아 있었다. 그리고 이 회담은 전쟁에 관한 것도 아니었고, 자칭 도네츠크 인민공화국Donetsk People's Republic과 루간스크 인민공화국Luhansk People's Republic의 승인만을 논의하는 자리였다.

작가이자 저널리스트인 매트 타이비Matt Taibbi가 그의 'TK News' 웹사이트에서 보도한 바에 따르면 루스타모바는 회의에 참가한 관계자들의 반응을 가까이에서 지켜본 소식통을 인용했다. "그들은 'p-ts'를 조심스럽게 발음했어요." 원래 단어는 'pizdets'이다. 번역하기 쉬운 단어는 아니지만 대충 '개판'이라는 뜻의 상스럽고 천박한 표현이다. 루스타모바는 "소식통에 의하면 권력의 핵심들이 모인 방의 분위기는 전혀 장밋빛이 아니었으며, 많은 이들이 멍한 상태에 있었다고 한다"라고 말했다. 다른 소식통은 그녀에게 "아무도 기뻐하는 사람이 없고, 많은 사람은 이것이 실수라는 것을 이해하지만, 의무상 그들은 그것을 머리로 납득하기 위해 스스로 합리화하고 있다'라고 말했다. 푸틴의 가장 맹렬한 비평가들조차도 그를 항상 냉정하고 계산적이며 실용적인 사람으로 여겼다고 타이비는 말한다. 하지만 그것은 곧 바뀌었다. 전 모스크바《타임스》직원이었던 블룸버그의 레오니드 버시드스키는 트위터를 통해 다음과 같이 말했다.

> 만약 푸틴이 공격을 감행한다면, 지난 몇 주뿐만 아니라 지난 23년 동안 푸틴의 행동에서 그가 합리적인 인물이라고 분석한 나의 전제를 내버려야 할 것이다.

푸틴이 승리할 것이라는 전망은 빠르게 사라졌다. "러시아-우크라이나 전쟁이 더욱 암울해짐에 따라 이 점을 강조하는 것이 중요할 것 같습니다. 이 전쟁은 블라디미르 푸틴이 아무리 오래, 아무리 잔인한 방법으로 수행해도 이길 수 없는 전쟁입니다." 런던 킹스칼리지의 로렌스 프리드먼 명예교수가《국토 안보 뉴스Homeland Security Newswire》에 기고했다. 그러나 그는 "신중함을 기하자면, 우리는 러시아가 군사적 압박을 가하는 데는 어느 정도 성공할 것이라고 추정해야 합니다"라고 지적했다.

프리드먼은 문제의 핵심을 포착했다. "시작부터 러시아의 군사행동은 그것을 정당화할 수 있는 정치적 목표가 없었다. 푸틴은 비뚤어진 역사적 사고에서 촉발된 상상력의 산물인 허구 속 우크라이나를 묘사했다. 그가 생각하는 우크라이나는 '마약 중독자들과 나치들'(푸틴이 사용한 말이다)로부터 구조해야 할 길 잃은 형제국으로 본다. 그것은 우크라이나 사람들이 인식하는 모습이 아니다. 그들은 그것을 자신들의 나라를 무기력한 식민지로 만들려는 구실로 생각하며 이를 용납하지 않을 것이다."

실제로 영국 국방참모총장인 토니 라다킨 제독은 《타임스》(3월 8일자)에 모스크바가 "수렁에 빠졌다"며 모스크바의 침략이 "제대로 잘 진행되지 않고 있다"라고 말했다.

《타임스》지는 우크라이나군이 3월 6일 일요일 발표한 최신 통계를 바탕으로 러시아군 1만 1천 명이 이 치열한 전투 중 사망했다고 보도했다. 항공기 44대, 탱크 285대, 장갑차 985대, 109개의 야포, 연료탱크 60개도 파괴됐다. 라다킨 제독은 아프가니스탄에서 20년 동안 영국이 잃은 것보다 더 많은 병력을 러시아가 1주 만에 잃었다고 말했다. 그는 침략군의 사기가 너무 떨어져 일부는 키이우로 향하는 대열에서 벗어나 숲에 진을 쳤다고 밝혔다.

어디선가 본 듯한 장면인가? 『19일The Nineteen Days』(하이네만 출판)은 '한 방송인이 겪은 헝가리 혁명'을 묘사하고 있는데, 그것과 비슷하다. 그 방송인은 나의 아버지 조지 어번George R. Urban이었다. 이 책은 혁명 직후에 쓰였다. 아버지는 햄스테드 호텔에서 타자기 앞에 앉아 계셨고, 나는 런던에 도착한 난민으로서 자유를 만끽하며 아이답게 들떠서 방 안을 돌아다녔다. 다음에 발췌한 '돌이킬 수 없는 지점'은 1956년 헝가리 혁명의 중요한 시기를 기록하고 있다.

소련 전차병들의 사기가 저조했던 이유 중 하나는 보급 문제였다. 그들은 현지에서 조달하거나 가게에서 음식을 사야 했다. 적대적인 주민들과 마주해야 하는 그들로서는 쉬운 일이 아니었다. 필요한 물품을 사기 위해서는 무기와 탄약을 혁명 전사들에게 넘기는 수밖에 없다는 것을 깨닫는 데는 오랜 시간이 걸리지 않았다. 러시아군의 식량 부족은 자국에 대한 충성심을 훼손하고 헝가리 국민의 희망을 높이는 데 큰 역할을 했다. 수도에서 그리고 나중에는 지방 도시와 산업 중심지에서 빵 몇 조각을 대가로 러시아군은 자유 투사들과 주민들에게 총과 심지어 탱크까지 넘겨주었다. 미슈콜츠Miskolc의 한 젊은 노동자의 증언은 유사한 사례의 전형이라 할 만하다.

나는 X로 가는 길에 러시아 탱크 2대가 내 뒤에 오는 것을 보았다. 나는 빵 두 덩어리와 1킬로그램 반 정도의 소시지를 들고 있었다. 탱크 안의 러시아인들은 내 바구니에 음식이 들어 있는 걸 틀림없이 봤을 것이다. 탱크가 멈췄고 병사 한 명이 내렸다. 그는 자동화기를 가지고 있었다. 그는 한동안 헝가리에 있었기 때문에 우리 말을 조금 할 줄 알았다. 내가 이해할 수 있는 한에서 그는 나에게 자신의 탱크를 대가로 내 빵을 달라고 부탁했다. 그는 완전히 굶주린 것처럼 보였다. 나는 가방에서 빵을 꺼내어 그들을 위해 한 덩어리를 잘라주었다. 우리는 잠시 이야기를 나눴다. 그는 내가 들고 있던 나머지 음식도 달라고 했다. 그들은 총을 가지고 있었고 나는 아무것도 없었기 때문에 나는 가지고 있던 모든 음식을 그들에게 주었다. 그러고 나서 그에게 말했다. "총을 줘요."

그는 나에게 열네 발의 총알이 장전된 자동화기를 주었다. 음식을 얻은 그와 나중에 온 다른 한 병사는 울기 시작했다. 그들은 나를 집에 데려다주겠다고 말했다. 난 그럴 필요 없다고, 혼자 가겠다고 말했다. 첫 번째 러시아인은 그들이 나와 함께 가길 원한다고 말했다. 헝가리에 머물 수 있는 한 어떤 일도 하겠다고 했다. 만약 그들이 고국으로 보내진다면, 그들은 총살을 당할 것이라고 말했다. 물론, 나는 탱크를 가져갈 수 없었다. 운전할 줄도 몰랐고, 운전한다고 해도 혼자서 탱크로 무엇을 할 수 있단 말인가? 그래서 나는 그들에게 말했다. "난 당신들의 골치 아픈 탱크를 원하지 않아요. 내가 원하는 건 총뿐이었고 그걸 얻었어요." 그들은 자신들이 거기 멈춰 서서 나와 이야기하는 모습이 다른 사람들의 눈에 띌까 봐 두려워했다. 그래서 나는 그들에게 작별 인사를 하고 자리를 떠났다.

젤렌스키는 정치적으로나 인간적으로나 푸틴과 정반대다. 예를 들어 젤렌스키는 3월 5일에 전쟁으로 죽어가는 '정말로 열여덟, 열아홉, 스무 살의 아이들'에 불과한 수천 명의 젊은 러시아 군인들에게 동정을 표했다. 열흘 후 젤렌스키는 그들에게 '살 수 있는 기회'를 제공했다.

"러시아 병사 여러분! 내 말을 잘 들으세요." 젤렌스키 대통령은 연설 중에 말했다. "러시아 장교들! 당신들은 이미 모든 것을 알고 있어요. 당신들은 우크라이나에서 아무것도 빼앗지 못할 겁니다. 당신들은 생명을 앗아갈 겁니다. 여러분은 수가 많으니까요. 하지만 당신들의 목숨도 잃게 될 겁니다. 하지만 왜 그래야 하죠? 뭣 때문에요? 나는 여러분이 살고 싶어 한다는 걸 압니다. 그래서 길을 드립니다. 우크라이나 국민을 대표해서 기회를 드리지요. 생존의 기회를 말입니다. 만약 당신이 우리 군대에 항복한다면, 우리는 당신에게 사람이 받아야 할 대우를 제공할 것입니다. 인간으로서, 정중하게. 절대로 러시아군이 우리를 다루는 식이 아니라 러시아군에서 여러분도 대접받지 못했던 방식으로요. 선택하세요!"

푸틴이 국세사회에서 비난을 받는 반면에 젤렌스키가 널리 인정을 받는 것은 당연한 일이다.

젤렌스키의 대통령 선거운동은 주로 소셜 미디어(SNS)를 통해 이뤄졌고, 결국 유명한 금권 과두 정치인인 페트로 포로셴코Petro Poroshenko 대통령을 낙마시키는 데 성공했다.

우크라이나 비밀경호국의 부국장으로 임명된 이반 바카노프를 포함, 젤렌스키 행정부에는 그의 전 직장이었던 크바르탈95 스튜디오 출신의 전직 동료들이 몇몇 있었다(워싱턴의 정가를 지켜보는 미국인들에게는 친숙한 정실 정치의 모습일 수 있다).

모든 정치인, 특히 지도자의 경우 그러하듯 젤렌스키에게도 비판자들이 있었다. 일부 사람들은 과두정치의 영향력을 줄이려는 그의 움직임이 자신의 권력을 중앙집권화하기 위한 것이라며 비판했다. 그가 그 힘을 어떻게 사용했을지(또는 사용하려고 할지)는 앞으로도 지켜볼 문제다.

러시아군이 키이우를 향해 진격하자 미국 정치계의 대부분은 젤렌스키를 지지했다. 하지만 전부가 그렇지는 않았다. 공화당 중진들은 러시아의 침공에 대한 미국의 대응을 둘러싸고 상반된 입장을 보여왔다. 미치 매코넬 상원 원내대표나 린지 그레이엄 사우스 캐롤라이나주 연방 상원 의원은 미국이 좀 더 적극적으로 개입하기를 촉구해왔지만 매디슨 코손Madison Cawthorn 하원 의원, J. D. 밴스Vance 상원 후보, 폭스 뉴스 해설자 터커 칼슨Tucker Carlson 같은 포퓰리스트 성향의 정치 신인들은 분쟁에 관여하지 말 것을 요구해왔다.

지난 3월 코손이 다음과 같이 말하는 영상이 나돌았다. "젤렌스키는 폭력배라는 것을 기억하라. 우크라이나 정부는 엄청나게 부패했고 믿을 수 없을 정도로 사악하며 자기들만이 깨어 있다는 이데올로기를 주장하고 있다. 그것은 정말 자신들만 깨어 있다고 주장하는 새로운 세계 제국이다."

공화당 전략가인 칼 로브Karl Rove는 WRAL-TV가 코손의 연설 장면을 보도하기 전에 애슈빌에서 군중을 향해 연설하면서 코손의 발언을 처음으로 언급했다.

《에폭 타임스Epoch Times》에 실린 조셉 로드의 보도에 따르면, 코손은 그의 주장을 뒷받침하는 폭력적이거나 사악한 행동의 어떤 예도 증거로 제시하지 않았다. 그러나 그의 주장은 러시아의 우크라이나 침공을 둘러싼 정치적 공방의 쟁점이 되었다. "이 점만은 확실히 하자." 노스캐롤라이나주 상원 의원인 척 에드워즈Chuck Edwards가 트위터를 통해 말했다. "폭력배는 블라디미르 푸틴이다. 우리는 젤렌스키 대통령과, 그들의 삶과 자유를 위해 싸우는 우크라이나의 용감한 국민을 위해 합심해서 기도해야 한다."

미셸 우드하우스는 자신의 선거운동 웹사이트에 올린 성명에서

"우크라이나가 그렇게 잔인한 공격을 받고 있는데 어떻게 미국 공직에 몸담은 인사가 젤렌스키를 '깡패'라고 부를 수 있는지 도지히 이해할 수가 없다"라고 말했다. "우리 지역구 보수당원들은 코손이 지명받을 경우 공화당 의석을 좌파 바이든 민주당 의원에게 빼앗길까 봐 두려워하고 있다." (코손은 초선 하원 의원이다.)

코손 자신도 러시아의 행동에 찬성하지 않는다는 것을 분명히 했다. 동영상이 공개되던 3월 10일 코손은 트위터에 "푸틴과 러시아의 행동은 역겹습니다"라고 말했다. "하지만 젤렌스키를 포함한 지도자들은 미국에 잘못된 정보를 강요해서는 안 됩니다."

《에폭 타임스》의 보도는 코손이 말한 잘못된 정보의 예에 대해서는 언급하지 않았다. 그 신문은 코손의 사무실이 그들의 논평 요청에 응답하지 않았다고 보도했다.

한 언론사에 보낸 성명에서 코손의 대변인은 그의 입장을 추가로 설명했다. 코손 대변인은 "우크라이나와 우크라이나 대통령이 러시아 침략으로부터 나라를 지키려는 노력은 지지하지만, 감정적 조작을 통해 미국이 또 다른 분쟁에 휘말리는 것은 원치 않는다"라고 말했다. 역시 이번에도 그것을 뒷받침하는 예는 제시되지 않았다.

아이러니하게도 젤렌스키가 공언한 야망 중 하나는 러시아와의 장기간에 걸친 분쟁을 끝내는 것이었고 푸틴과 직접 대화를 하고 싶어 했다. 분명 그러한 야망은 이루어지지 않았지만 누구나 바라는 바였다.

우크라이나인들은 빅토르 야누코비치Viktor Yanukovych 전 대통령의 친러 정책에 반대해 2013년 말 마이단 광장을 중심으로 대대적인 반정부 시위를 일으켰다. 정부의 강경한 진압에도 불구하고 2014년 초 결국 무력 사용 없이 대통령을 탄핵해 쫓아내는 데 성공했다. 이 과정이 102분짜리 다큐멘터리 〈윈터 온 파이어Winter on Fire〉(2015)에 훌륭하게 기록되어 있다.

에브게니 아피네예프스키가 감독을 맡고 덴 톨모르가 각본을 쓴 이 다큐멘터리는 우크라이나인의 순전한 결단력, 용기, 지략을 생생하게 보여준다. 푸틴은 우크라이나 국민의 기상을 깨뜨리겠다는 자신의 목표를 말하기 전에 이 영화를 봤어야 했다. 그들은 총은 없어도 용기가 있었고, 공산주의의 꼭두각시 야누코비치의 잔혹한 통치로부터 자신들을 해방시키겠다는 의지가 있었다. 새벽에 몰래 도망치는 그의 모습이 찍힌 감시카메라 영상도 나온다.

놀라운 전투 장면과 시위대의 격앙된 연설, 가슴 아픈 잔혹 행위와 희생 장면이 카메라를 향한 참가자들의 발언과 함께 영상에 담겨 있다. 그것을 보고 있으면 마치 우리가 그들과 함께 현장에 있는 듯한 느낌이 든다.

현재와 다음 세대를 위해 카메라에 담긴 2022년의 러시아 침공 장면도 우리를 현장에 있는 듯한 감시자가 되게 한다. 우리는 각자의 집에서 크렘린의 전범들이 우크라이나인을 살해하고 세계를 향해 명령하는 것을 지켜본다. 오직 젤렌스키만이 최선을 다해 그들에게 맞서고 있는 것 같다.

2장

소셜 미디어 여론전

ZELENSKY

젤렌스키 대통령의 SNS 전술이 우크라이나군의 단결과 전 세계인의 지지를 이끌어내고 있다.

—뉴욕타임스(2022.2.27)

─────── 러시아의 우크라이나 공격(전쟁, 러시아는 이 단어 사용을 피한다)은 지상이나 공중에만 국한되지 않는다.

소셜 미디어의 사용 여부는 우크라이나와 러시아 모두에게 중요한 영향력의 임계점이 되었다. 우크라이나는 국제사회의 지원을 요청하기 위해, 러시아는 정보의 흐름을 억제하고 통제하기 위해서다. 어느 쪽이든 모두 선전과 선동의 기능을 수행하고 있다.

《USA 투데이》지의 기사다. "우크라이나 침공이 세계 최초의 소셜 미디어 전쟁이라는 데는 의심의 여지가 없다. TV 방송국은 소셜 미디어 팬을 많이 거느린 우크라이나 사람들을 인터뷰한다. 틱톡에는 폭격 후의 장면과 대피소 동영상으로 가득하다. 시민들이 스마트폰으로 촬영한 장면들은 기존 미디어를 우회해 세계와 직접 공유된다."

우크라이나에 동조하는 사람들의 영향력도 점차 커지고 있다.

그에 관한 증거도 있지만, 한 노르웨이 컴퓨터 전문가와 그의 팀은 러시아 사람들이 전체적인 이야기를 제대로 듣지 못한다고 믿고, 누구나 우크라이나 전쟁에 관한 이메일을 한 번에 최대 150개의 러시아 이메일 주소로 보낼 수 있는 웹사이트를 만들었다.

러시아인들이 그 정보를 믿을지는 불분명하지만 적어도 지금껏 접할 수 없었던 우크라이나인들 또는 다른 사람들의 견해를 들을 수 있게 되었다.

첫 며칠 동안 2,200만 건으로 추정되는 이런 메시지들이 "Ya vam ne vrag(나는 당신의 적이 아닙니다)"라는 제목을 달고 발송되었다.

다른 소셜 미디어 플랫폼들에 대한 러시아인들의 접근이 통제되고 있어서 표준 메시지는 영어 번역이 달린 러시아어로 작성되었다. "친애하는 친구, 우리 아이들이 미래에 안전하게 이 세상에서 생활할 수 있을지 걱정되어 편지를 씁니다. 세상 대부분의 사람들은 푸틴의 우크라이나 침공을 비난하고 있습니다."

이 메시지는 러시아인들에게 우크라이나 전쟁을 거부하고, 비국영 뉴스원들로부터 침략에 대한 진실을 찾아볼 것을 촉구했다.

이러한 이메일과 수많은 소셜 미디어 게시물은 2차 세계대전 때 공중에서 투하되던 선전물들의 현대판이었다.

노르웨이 팀은 한 팀원이 상트페테르부르크에 사는 35세 여성과 연락하고 있었는데, 처음에 그녀는 자신을 메일 리스트에서 삭제해달라고 요청했었다. 하지만 노르웨이 팀원은 그녀와 접촉을 이어갔다. "그녀는 나에게 분쟁에서 무슨 일이 일어나고 있는지 잘 모른다며 더 많은 것을 알고 싶다고 말했습니다. 그녀는 유럽발 뉴스를 잘 들을 수 없고 너 많은 것들을 읽고 싶지만 치단된 웹사이트를 어떻게 통과해야 할지 모른다고 말했습니다." 또 다른 팀원은 무고한 사람들을 죽이는 것은 우크라이나인들이라고 강하게 주장하는 익명의 러시아인으로부터 "이 특수 군사작전은 필요한 조치"라는 응답을 받기도 했다.

러시아인들 스스로 인기 있는 소셜 미디어 플랫폼에 대한 금지를 피하는 방법을 찾고 있다. 보도에 의하면, 많은 러시아인이 자신들의 장치와 원격 서버가 암호화된 접속을 하는 가상 사설 네트워크(VPN)를 사용하고 있었다. 이러한 서버는 세계 어디에나 존재할 수 있으므로 이론적으로는 러시아에서도 차단된 사이트에 접속할 수 있다.

기술 전문가들은 친러 성향의 게시물 상당수가 오래된 가짜 영상을 담고 있다고 경고했다.

트위터는 러시아인들이 더 쉽게 접속할 수 있도록 사생활이 보호되는 새로운 버전의 사이트를 만들었다.

한편 러시아 검찰은 페이스북, 인스타그램, 왓츠앱의 소유주인 마크 저커버그의 메타(구 페이스북)를 '극단주의 단체'로 규정해 사용자와 콘텐츠 제공 업체에 대한 단속을 강화하기로 했다.

젤렌스키 대통령은 소셜 미디어의 영향력을 잘 알고 있었다.

2019년 4월에 트위터에 가입한 그는 3년 후 520만 명의 팔로워를 거느리게 되었다. 러시아 침공 몇 주 만에 그의 인스타그램은 1,410만 명이 팔로우를 하고 있다. 2019년 대선에서 그가 압도적으로 승리하는 데 그의 추종자들이 적지 않은 역할을 했다는 것은 의심의 여지가 없다.

젤렌스키 대통령이 서방 여론의 중요성을 이해하고 있는 것은 분명하다. 그는 실제로 사람들 앞에 나서지 않으면서도 소셜 미디어에 동영상을 올리고, 도움을 요청하며, 투쟁에 대한 결의를 표하는 성명을 트위터에 올려 세계적인 영웅이 되었다.

그는 소셜 미디어를 통해 유럽 국가들에 연설을 하고, 자국민들에게 전황을 알려 안심시키며, 러시아에 있는 적들을 조롱했다.

그의 선전과 소셜 미디어 게시물들은 러시아의 행동을 규탄하고 우크라이나를 지지하는 전 세계적인 시위를 이끌어내는 데 큰 역할을 했다.

그는 정기적으로 트윗을 통해 자신이 세계 지도자들과 토론한 내용을 팔로워들에게 알려줬다. 3월 12일부터 그가 올린 2개의 트윗을 살펴보자.

"올라프 숄츠, 에마뉘엘 마크롱(독일과 프랑스의 정상)과 통화를 했다. 우리는 러시아의 침략과 평화회담의 전망에 관해 이야기했다. 민간인에 대한 탄압은 중단되어야 한다. 포로로 잡혀 있는 멜리토폴 시장과 지역 인사들의 석방을 도와달라고 요청했다."

"미국 대통령(바이든)과 실질적인 대화를 나눴다. 전쟁터의 상황을 설명하고 민간인에 대한 러시아군의 범죄를 알려줬다. 우크라이나 방위를 지원하고 러시아에 대한 제재를 강화하는 추가 조치에 합의했다."

우크라이나의 소셜 미디어 캠페인은 러시아 침략에 대한 통일된 저항의 이미지를 국내외에 제시하기 위한 것이었다.

우크라이나의 소셜 미디어는 러시아인들을 해치우겠다고 큰소리치는 전투원들, 화염병 만드는 법, 격추되는 러시아 헬리콥터, 러시아 군인과 대치하는 것처럼 보이는 민간인들 등의 내용을 보여주었다.

젤렌스키는 그가 나라를 떠났다거나 러시아에 항복했다는 소문을 잠재우기 위해 정기적으로 개인 계정(때때로 접속이 불안정함)에 '셀카' 비디오를 올리고 있다.

그는 인스타그램에 올린 비디오에서 "나는 키이우…… 방코바 거리에 머물고 있다"고 말하며 자신의 위치를 밝히는 것을 두려워하지 않았다. 그는 우크라이나 시청자들이 알아볼 수 있는 대통령궁 맞은편 거리를 보여주기 위해 자신의 휴대전화를 사용해 창문 밖을 촬영하기도 했다.

그는 추종자들과 자신의 연설을 듣고 있는 러시아인들을 상대로 한 정기 연설에서 말한다. "월요일, 우리 사무실이다. 월요일은 힘든 날이라고 말하곤 했었지. 우리나라는 전쟁 중이기에 매일이 월요일이다. 지금 우리들은 매일매일, 밤낮이 그런 것에 익숙해져 있다······ 나는 키이우에 우리 팀과 함께 있다······ 우리는 당신들이 두렵지 않다."

그의 진술 대부분은 더 많은 사람이 볼 수 있도록 그의 사무실에서 번역한다.

러시아군이 우크라이나 남부의 한 산부인과 병원을 폭격하자 대통령은 곧바로 SNS에 글과 사진을 올렸다. 그의 트윗이다. "우크라이나 남부 도시 마리우폴. 러시아군이 산부인과 병원을 직접 공격하다. 사람들이여, 아이들이 잔해 밑에 깔려 있다. 잔학! 얼마나 더 세상은 테러를 무시하는 공범이 될 것인가? 당장 하늘을 봉쇄하라! 살인을 멈춰라! 힘은 있을지 몰라도 당신들은 인간성을 잃고 있는 것 같다."

온라인에 게시된 동영상에서 그는 말했다. "오늘은 모든 것을 결정하는 날이다. 누가 어느 편에 서 있는지를 말이다. 어린이 병원.

산부인과 병원. 도대체 그들이 무엇으로 러시아 연방을 위협했다는 것인가? 그곳에 어린 민족주의자들이 있었나? 임산부들이 로스토프에서 미사일을 발사하려 했나? 그 산부인과 병원에 있는 누군가가 러시아어를 말하는 사람들을 불쾌하게 했는가? 병원을 '비非나치화'하기 위해서였나? 이것은 잔혹 행위를 넘어선 짓이다."

그의 아내 올레나도 인스타그램에 러시아군의 폭격에 대해 격앙된 말과 동영상을 공유했다. 그녀의 동영상을 통해 실제 폭격 후 잔해뿐만 아니라 도움을 주려는 사람들, 현장을 떠나는 몇몇 사람들을 볼 수 있었다.

런던 주재 러시아 대사관은 트위터에 올라온 마리우폴에서의 잔혹 행위가 담긴 사진들에 '조작'이라는 낙인을 찍으며, 그 병원은 신新나치주의자들만 수용하고 있었다고 주장했다.

사람들이 얼굴에 피를 흘리며 도망치는 임신한 여성의 사진을 가리키자 대사관 측은 이 여성이 "매우 그럴듯한 분장"을 한 "미용 블로거"라고 주장했다. 하지만 그 여성은 출산을 앞두고 그 병원에 입원한 미용 컨설턴트일 수도 있었다.

페이스북과 트위터는 결국 대사관의 게시물들을 삭제했다.

이후의 보도에 따르면 이 여성은 출산했으나 수술 후 아기와 함께 사망했다고 한다.

소셜 미디어의 친러 계정들은 우크라이나 사람들이 고통을 받고 죽어간다는 뉴스 보도를 믿지 않도록 사람들을 설득했다. 그들은 언론 매체가 우크라이나의 "위기를 연기하는 배우들"이 꾸민 장면을 보여주고 있다는 잘못된 주장을 퍼뜨렸다. 건강한 사람들이 카메라 앞에서 공포에 떨거나 사망한 전쟁 희생자 역할을 했다는 것이다.

유럽에 있는 러시아 대사관에서 종종 의심스러운 주장이 많이 흘러나온다.

제네바 주재 러시아 대사관은 우크라이나 준군사조직이 마리우폴 병원의 환자와 직원들을 인간 방패로 사용했다는 식의 우크라이나에 대한 근거 없는 비방을 트위터에 자주 올렸다.

러시아는 젤렌스키가 폴란드로 도피했으며 우크라이나인들에게 자신이 수도에 있다고 거짓말했다고 주장하기도 했다. 그러한 보도는 이란과 같은 러시아 우방국가들의 국영 방송국에 의해 유포되었다.

러시아가 명백한 허위 보도를 쏟아내자 메타, 트위터, 구글 등은 RT(러시아에서 방송하는 국제 보도 전문 채널)나 스푸트니크 등 러시아 국영 언론들의 활동을 제한했다.

이에 대한 보복으로 러시아는 푸틴 대통령의 공식 노선에 반대하는 언론들을 불법으로 규정하고(물론 그들은 그렇게 말하지는 않았다) 페이스북과 트위터를 차단했다.

일부 국가의 페이스북과 인스타그램 사용자들이 아무런 제재를 받지 않고 러시아에 대한 폭력과 블라디미르 푸틴의 죽음을 요구한다는 것이 유출된 이메일을 통해 알려지면서 소셜 미디어 전쟁은 더욱 심각한 국면으로 접어들었다.

영국의 《인디펜던트》 신문은 메타(구 페이스북)가 관련국들과 동유럽 국가들을 위해 우크라이나 전쟁 관련 게시물에 대해서 혐오 발언 정책을 한시적으로 바꿨다고 보도했다. 우크라이나 침공이 지속되면서 전쟁 피해를 입은 사람들이 분노를 표출할 수 있도록 한 조치다.

《인디펜던트》는 메타의 회사 내 이메일을 통해 콘텐츠 검열자들에게 폭력과 선동에 대한 회사 규정을 바꿔 푸틴이나 러시아의 침공을 돕고 있는 루카셴코 벨라루스 대통령의 죽음을 요구하는 게시물을 허용하도록 지시했다고 전했다. 이메일에는 게시물들이 명백히 우크라이나 침공에 관한 것일 때는 러시아인들에 대한 폭력 요구를 허용하라는 내용이 담겼다. 하지만 러시아군에 맞선 폭력 행사는 우크라이나의 대리인 행위로 간주되어 허용된다고 해도 전쟁 포로에 대한 폭력 선동은 계속 제재를 받을 것이다.

3장

거짓말, 부정 그리고 정당화

ZELENSKY

그가 너무나 끔찍한 몰골이어서 사람들은 우크라이나 대통령이 술이나 마약에 취한 게 아닐까 의심했다. 그는 너무 무기력하고 제정신이 아닌 것처럼 보였다.

─로시야 1TV 채널의 키젤료프 뉴스 앵커

─────── 우크라이나 침공에 대한 비판에 러시아가 대응하는 방식은 독재 정권이 문제 해결을 위해 수십 년간 사용해왔던 패턴에 부합했다. 거짓말, 부인, 의심스러운 정당화 또는 이 모든 것이 사용된다.

푸틴 대통령과 반反우크라이나 성명으로 유명한 러시아 언론인, 텔레비전 진행자, 작가, 선전가인 블라디미르 솔로비요프는 우크라이나가 먼저 공격했고, 우크라이나를 '탈나치화'하기 위해서는 침공이 불가피하다는 거짓 주장을 펼쳤다(보도에 따르면 2019년의 선거 결과 극우 성향의 후보는 2%를 득표하는 데 그쳤다. 이것은 우크라이나가 나치즘의 길을 걷고 있다는 주장이 터무니없음을 보여준다).

솔로비요프는 자신의 유튜브 채널 〈솔로비요프 라이브〉에서 "오늘은 우크라이나의 탈나치화라는 정의로운 첫걸음을 떼는 날입니다. 아주 중요한 날로서 우리 역사의 나아갈 방향을 결정하는 날입니다"라고 주장했다.

거짓말, 부정 그리고 정당화

미디어 기술 사이트들은 비디오 게임의 장면과 옛 군사 훈련 영상을 우크라이나가 러시아를 공격하는 장면이라고 올린 친러 게시물에 경고를 보냈다.

기즈모도^{Gizmodo}(디자인, 기술, 과학, SF 전문 웹사이트)는 러시아가 침략을 개시한 후 목요일에 "오늘 트위터에 전쟁을 주제로 한 비디오 게임에서 나온 동영상 2개가 올라왔는데, 이것은 러시아 국영 매체들이 이전에도 숱하게 해온 일들이다"라고 말했다.

거짓말을 보여주는 또 다른 극명한 예는 러시아가 우크라이나에서 민간인을 목표로 하지 않았다고 주장한 것이다. 그러나 3월 9일 러시아군은 공습을 통해 어린이 병원과 산부인과 병원을 폭격했다. 이에 격분한 젤렌스키 대통령은 "러시아군이 산부인과 병원을 직접 공격하다. 사람들이여, 아이들이 잔해 밑에 깔려 있다. 잔학! 얼마나 더 세상은 테러를 무시하는 공범이 될 것인가? 당장 하늘을 봉쇄하라! 살인을 멈춰라! 힘은 있을지 몰라도 당신들은 인간성을 잃고 있는 것 같다"라는 트윗을 올렸다.

파블로 키릴렌코 현지 주지사는 러시아군에 포위된 남부 도시 마리우폴에서 민간인을 대피시키기 위해 합의한 휴전 기간에 러시아가 병원을 맹공격했다고 말했다.

"하늘을 봉쇄하라"는 젤렌스키 대통령의 말은 우크라이나 상공에 비행금지구역을 설정하는 것을 나토가 거부한 것에 대한 직접적인 언급이었다.

그는 남부 우크라이나에 있는 병원이 공격을 받은 후, 서방 국가들에 우크라이나 상공에 비행금지구역을 선포해달라고 거듭 요구하며 목소리를 높였다.

"유럽인들이여, 당신들은 이제 우크라이나인들에게 무슨 일이 벌어지는지 알 수 없다고 말할 수 없습니다. 당신들은 보았고, 알게 되었습니다. 러시아가 더 이상 대량학살을 계속할 기회를 얻지 못하도록 제재를 강화해야 합니다"라고 그는 말했다.

3월 중순 무렵 젤렌스키 대통령은 아이들 97명이 러시아의 공격으로 사망했다고 세계에 말했다.

러시아가 상황을 혼란스럽게 하는 또 다른 예도 있다. 푸틴 대통령은 우크라이나에 직업군인만 파견했다고 여러 차례 말했지만, 러시아 국방부는 3주 후 일부 징집병들이 우크라이나와의 분쟁에 참여했음을 인정했다. 징집병 중에는 죄수도 포함되었을 수 있다.

또한 키이우에 대한 공격에 체첸 군대도 개입한 것으로 밝혀졌다. 로이터통신은 러시아 체첸 지역의 지도자이자 푸틴 대통령의 동맹인 람잔 카디로프Ramzan Kadyrov가 체첸군을 만나기 위해 우크라이나로 들어간 사실을 밝혔다고 보도했다.

자신을 푸틴의 '보병'이라고 표현한 카디로프는 러시아 침공군의 일부인 중무장한 체첸군이 키이우 지역에 배치된 동영상을 올렸다.

그는 미국과 유럽연합에 의해 인권 유린 혐의로 여러 차례 비난을 받았다.

모스크바는 1991년 소련이 해체된 이후 남부 러시아의 이슬람 지역인 체첸에서 분리주의자들과 두 차례 전쟁을 벌였다.

러시아에 강력히 저항하고 서방과의 동맹을 선호하는 젤렌스키 대통령은 러시아가 펼치는 흑색선전의 대상이 되어왔다.

국영방송인 로시야 1TV 채널에서 드미트리 키젤료프Dmitry Kiselyov 앵커는 젤렌스키 대통령이 "알코올이나 마약에 취한 듯한 끔찍한 상태", 혹은 "정신 이상의 상태"에 있는 것으로 보인다고 말했다.

푸틴의 '선동가'로 불리는 키젤료프는 한 뉴스 프로그램에 나와 말했다. "우크라이나의 서방 동맹국들은 젤렌스키 대통령에게 그들의 생각을 전하기 위해 최선을 다했다. 즉 아무도 우크라이나에 군대를 보내지 않을 것이고 아무도 우크라이나 영공을 폐쇄하지 않을 것이다. 왜냐하면 그것은 나토군과 러시아군 사이의 직접적인 충돌로 이어지기 때문이다. 우크라이나 사람들은 나토와 유럽연합에 가입하려는 시도를 포기하는 것이 나을 것이다. 우크라이나는 미국과 유럽의 소모품일 뿐이다. 그들에게 우크라이나의 역사적 가치는 러시아를 괴롭히는 것이 전부이다."

"이번 주말이 되자 젤렌스키는 마침내 무언가를 이해하기 시작했다. 그가 너무나 끔찍한 몰골이어서 사람들은 우크라이나 대통령이 술이나 마약에 취한 게 아닐까 의심했다. 그는 너무 무기력하고 제정신이 아닌 것처럼 보였다."

모스크바 TV 프로그램들은 전쟁이나 침략이란 말 대신, '평화'를 가져오고 '나치'를 뿌리 뽑기 위한 블라디미르 푸틴의 '특별 군사작전'이란 말을 사용한다.

국영 채널1은 우크라이나 군인들이 무기를 내려놓으며 우리는 한 민족이라고 말하고 있다고 보도했다.

이 매체와 로시야 1TV는 젤렌스키 정부가 '죽음 직전의' 고통을 겪고 있다며, 대통령이 키이우에서 도망쳤음을 암시했지만 모든 정황은 그 반대를 가리켰다.

관영 언론들은 또한 우크라이나가 "핵폭발 장치를 갖추기까지 불과 몇 달밖에 남지 않았기" 때문에 러시아가 우크라이나에 정확한 시기에 도착한 것이라고 주장했다.

국영 TV는 또한 우크라이나가 생물학 전쟁 연구에 관여해왔지만 분쟁에 앞서 "모든 비축물과 병원균"을 "긴급히 파괴했다"라고 전했다.

중국은 미국이 우크라이나에 개입했을 것이라는 엉뚱한 주장을 하며 분란에 뛰어들었다. 이 발언은 코로나19 팬데믹의 기원을 두고 중국이 의심을 받았던 상황을 연상시켰다.

중국의 한 관리는 미국이 우크라이나 동부에서 생물학무기연구

거짓말, 부정 그리고 정당화

소를 운영하고 있다고 비난하면서 상황이 "위험"하며, 실험실로 추정되는 곳의 "안전"이 위기에 처해 있다고 주장했다.

자오리젠 중국 외교부 대변인은 "현 상황에서 우크라이나, 주변 지역 및 전 세계 사람들의 건강과 안전을 위해 우리는 모든 관련 당사자들에게 이들 실험실의 안전을 보장할 것을 요구한다"고 말했다.

"특히 미국은 이들 연구소에 대해 가장 잘 알고 있는 당사자로서 어떤 바이러스가 저장되고 어떤 연구가 이뤄졌는지 등 관련 내용을 조속히 공개해야 한다. 미국의 진짜 의도는 무엇인가. 정확히 어떤 일을 했는가?"라고 덧붙였다.

음모론은 2020년 초 러시아에서 시작된 것으로 보인다. 그해 4월 우크라이나 주재 미국 대사관은 그 루머에 대해 "생물학적 위협을 줄이기 위한 미국과 우크라이나 간의 강력한 파트너십에 대한 러시아의 허위 정보"라고 맹비난하는 성명을 발표했다.

우크라이나에 있는 생물학무기연구소는 소련 시대에 세워진 오래된 연구소라는 점을 기억해야 한다. 우크라이나는 그것들을 연구센터로 개조하고 있었다고 말했다.

미 국무부는 분쟁 중 나온 진술에 대한 진실과 거짓 목록을 작성했다. 국무부에 따르면 러시아가 지지하는 허구에는 다음과 같은 주장이 있다.

- 우크라이나와 우크라이나 정부 관리들은 러시아-우크라이나
  의 관계에서 침략자다.

- 서방은 우크라이나를 분쟁으로 몰아넣고 있다.

- 러시아의 전투 병력 배치는 자국 영토에 군대를 재배치하는 것
  에 불과하다.

- 러시아는 우크라이나의 러시아 민족을 보호하려는 것이다.

- 나토는 냉전이 종식된 이후 러시아에 대한 음모를 꾸며왔고,
  군사력을 확대하지 않겠다는 약속을 어기고 러시아를 군사력
  으로 포위했으며 우크라이나를 동맹에 가입시킴으로써 러시아
  의 안보를 위협했다.

- 서방은 외교적 해결책 대신 곧바로 제재와 같은 조치를 취했다.

4장

전 세계에 보내는 호소문

ZELENSKY

자유를 지키는 데는 대가가 따릅니다. 지금은 결정적인 순간입니다. 자유는 값을 매길 수 없고 고결한 것이기 때문입니다.

—우르줄라 폰데어라이엔, 유럽연합 집행위원회 위원장

2022년 3월 1일, 볼로디미르 젤렌스키 우크라이나 대통령의 유럽의회 연설 녹취록

오늘 아침은 우리 모두에게 매우 비극이었습니다. 두 발의 순항 미사일이 러시아 연방의 국경 근처에 위치한 하르키우를 포격했습니다. 그곳에는 항상 러시아인들이 많았고, 그들은 친구였고, 우호적인 관계를 맺었습니다. 그곳에는 20개 이상의 대학이 있습니다. 우리나라에서 가장 많은 대학이 모여 있는 도시입니다. 그곳의 젊은이들은 밝고 똑똑하며 우크라이나에서 가장 큰 광장인 자유의 광장Freedom Square에 모여서 기념일을 축하했습니다. 그곳은 유럽에서 가장 큰 광장이기도 합니다. 말 그대로 '자유의 광장'입니다.

오늘 아침 두 발의 크루즈 미사일이 바로 그곳을 가격했다는 것을 상상할 수 있나요? 수십 명이 죽었습니다. 이것이 자유의 대가입니다.

우리는 오직 우리의 땅과 자유를 위해 싸우고 있습니다. 지금 모든 도시가 봉쇄되었지만, 누구도 우크라이나에 들어와 우리의 자유를 침해하지 못할 것입니다. 분명히 약속드립니다. 오늘 이후의 모든 광장은, 그곳의 명칭이 무엇이든, 자유의 광장이라고 불릴 것입니다. 아무도 우리를 무너뜨릴 수 없습니다. 우리는 굳건하며 우크라이나인들입니다.

아이들이 생존하기를 바랍니다. 응당 그래야 합니다. 어제, 16명의 아이들이 죽었습니다. 푸틴 대통령은 또다시 그것은 군사작전의 일종이며 우리는 군사 기반시설만을 폭격했다라고 말할 것입니다. 그러면 우리 아이들은 어디에 있나요? 아이들이 군수공장에서 일하고 있었나요? 로켓을 만들고 있었나요? 탱크를 몰았나요? 당신은 16명의 아이들을 죽였어!

우리는 우리의 권리를 위해 싸웁니다. 자유와 생명 말입니다. 그리고 이제, 우리는 살기 위해 싸웁니다. 그것이 우리의 가장 큰 동기입니다. 하지만 우리는 또한 유럽의 동등한 구성원이 되기 위해 싸웁니다. 유럽연합은 우리와 함께 훨씬 더 강해질 것입니다. 당신들의 도움이 없으면 우크라이나는 고립될 것입니다.

당신이 우리와 함께 있다는 것을 증명해주세요. 우리를 포기하지 않겠다는 걸, 진정한 유럽인이라는 것을 증명해주세요. 그러면 생명은 죽음을 이기고 빛은 어둠을 이길 것입니다. 우크라이나에 영광이 있기를.

젤렌스키

루슬란 스테판추크 RUSLAN STEFANCHUK 우크라이나 최고의회 의장

우선 유럽의회에서 연설할 기회를 주셔서 감사드립니다. 제 뒤를 보세요. 오늘날 전 세계가 보는 것과 같은 장면입니다.

8년 전 우크라이나 국민은 러시아의 침략에 분명히 "아니요"라고 말했습니다. 우크라이나가 영원한 고향인 유럽연합으로 돌아가는 것을, 그리고 지난 몇 년 동안 우리가 보여준 매우 성공적인 통일 과정을 방해하려는 그들의 시도에 대해서 말이죠.

하지만 독자적인 길을 선택하는 민주주의 국가가 될 우리의 권리는 국제법이나 국제원칙을 존중하지 않고 영토의 온전성과 주권을 무시하는 나라에 의해 완전히 파괴되었습니다. 오늘날 그 결과는 사망자와 부상자의 수에서 아주 분명히 알 수 있습니다.

여러분은 침략자들이 하르키우에 전면 공격을 감행한 사실을 알고 있습니다. 오늘날 다른 도시들도 끊임없이 공격받고 있습니다. 나는 이 상황이 유럽 역사의 갈림길이라고 믿습니다. 유럽은 지금 침략자와 맞서 싸우고 있으며, 이 흉포하고 야만스러운 도전에 통합된 유럽 공동체가 어떻게 대응하느냐는 매우 중요합니다.

회원 여러분, 저는 여러분이 침략자에 대해 가능한 범위의 모든 심각한 경제 제재를 찾고 있다는 것을 알고 있습니다. 오늘날 우크라이나가 문명국들의 전선을 지키고 있다는 것을 알아주셨으면 합

니다. 만약 우크라이나가 무너진다면 러시아 침략자가 어디에서 멈
출지 아무도 알 수 없습니다.

저는 우크라이나 최고의회에서 매우 중요한 개혁법을 채택하는
중이었습니다. 하지만 오늘 저는 지하로 네 번이나 내려가야만 했
습니다. 왜냐하면 적군의 비행기들이 1,500년 된 이 도시 위를 날며
폭탄을 떨어뜨리고 미사일을 발사했기 때문입니다. 그들은 우크라
이나의 정신을 부수기 위해 모든 것을 하고 있지만, 그런 일은 절대
일어나지 않을 것입니다.

끔찍한 러시아 제국이 회복되면 유럽에 무슨 일이 일어날지 잠시
생각해보십시오. 유럽연합이 지난 수십 년 동안 만들어온 이 자유
의 공간을 지킬 수 있을까요? 러시아 탱크들이 그들의 국경에 접근
하면 동유럽 국가들은 어떻게 될까요? 크렘린이 우크라이나를 정
복한 다음에는 다른 어떤 지역에 눈독을 들일까요?

나는 여러분이 전략적으로 생각하고, 유럽연합의 단결과 우크라
이나를 지지하고, 우크라이나를 전략적 파트너로 삼고, 그리고 무엇
보다 행동할 것을 요청합니다. 가만히 있지 마세요. 모든 노력을 기
울여 오늘날의 유럽이 그 어느 때보다 통일되어 있다는 것을 보여
주십시오. 오늘날의 위협이 그 어느 때보다 심각하기 때문입니다.

암흑기를 맞고 있는 우크라이나 국민을 지지하는 최선의 방법은 우
리가 유럽연합에 가입하는 것을 즉시 승인하는 것입니다. 2월 24일

젤렌스키

폭격이 있기 전부터 유럽연합 가입에 대해 과반수 우크라이나인이 지지했습니다. 우리에게 가장 중요한 일은 여러분, 그리고 유럽연합과 관계를 맺는 것입니다. 왜냐하면 우크라이나 국민이 그것을 선택했기 때문입니다. 나는 모든 회원국과 유럽연합 지도부에 현재 우크라이나 국민 전체가 지지하는 우크라이나의 유럽연합 후보 지위를 부여해줄 것을 요구합니다.

볼로디미르 젤렌스키는 이미 유럽연합 조약 49조에 따라 가입 신청서에 서명을 했습니다.

친애하는 여러분, 유럽의회 결의를 위한 이 동의안에는 여러분이 침략자에게 부과할 예정인 모든 범위의 제재가 포함되어 있습니다. 나는 그것들을 지지해줄 것을 부탁합니다. 함께 윈스턴 처칠의 명언, "우리는 큰 사건들과 작은 사람들의 시대에 살고 있다"가 틀렸음을 증명합시다. 나는 우크라이나가 위대한 사람들의 위대한 나라임을 확실히 알고 있고, 그들은 지난 6일 동안 이것을 증명해왔습니다.

유럽연합과 유럽 본토의 미래를 위해 지금 목숨을 바치고 있는 사람들의 희생이 헛되지 않도록 가치 있게 행동합시다. 우크라이나 없이는 유럽에 평화는 있을 수 없습니다. 유럽은 우크라이나 없이는 온전할 수 없습니다. 우크라이나에 영광을!

관심을 기울여 주셔서 감사합니다. (의회는 연사에게 기립 박수를 보냈다.)

유럽의회 의장, 평의회 의장, 고위 대표, 친애하는 우크라이나 대통령 볼로디미르, 우크라이나 의회 의장, 존경하는 의원 여러분, 전쟁이 유럽으로 돌아왔습니다.

발칸 전쟁 이후 거의 30년, 그리고 소련군이 프라하와 부다페스트로 진군한 지 반세기가 지난 후, 유럽의 한 수도 한복판에서 다시 공습경보가 울렸습니다. 폭발음과 경보음이 울리자 수천 명의 사람들이 지하철역에 몰려들었고 손을 맞잡은 채 소리 없이 울며 서로를 격려했습니다. 우크라이나 서부 국경을 향해 탈출 차량이 줄을 이었고, 연료가 떨어진 차들에 타고 있던 사람들은 그들의 아이들과 배낭을 메고 우리 연합을 향해 수십 킬로미터를 행진했습니다. 자신들의 나라는 더 이상 안전하지 않았기 때문에 그들은 우리 국경 안에서 피난처를 찾았습니다. 우크라이나 내부에 사상자 수가 끔찍하게 늘어나기 시작했기 때문입니다.

남성, 여성, 어린이들이 다시 한번 죽어가고 있습니다. 왜냐하면 외국의 지도자인 푸틴 대통령이 우크라이나는 존재할 권리가 없다고 결정했기 때문입니다. 그리고 우리는 절대, 절대 그런 일이 일어나게 놔두지 않을 것입니다. 절대, 절대 그것을 받아들이지 않을 것입니다.

젤렌스키

(박수)

의원 여러분, 지금 유럽은 진실의 순간을 맞고 있습니다. 침공이 시작되기 불과 몇 시간 전에 발행된 우크라이나 신문《키이우 인디펜던트》지의 사설을 인용해보겠습니다. "이것은 우크라이나에 관한 문제만이 아닙니다. 이것은 두 세계, 상충하는 두 가치의 충돌입니다." 아주 적확한 말입니다. 이것은 법치와 무력의 지배, 민주주의와 독재, 규칙에 기초한 질서와 노골적인 침공이라는 두 세계 사이의 충돌입니다.

러시아가 하고 있는 일에 우리가 어떻게 대응하느냐가 국제 시스템의 미래를 결정할 것입니다. 우크라이나의 운명이 걸려 있지만, 우리의 운명 또한 위태롭습니다. 우리는 민주주의에 내재된 힘을 보여줘야 하며, 자유롭고 민주적으로 독립적인 길을 선택하는 사람들의 힘을 보여줘야 합니다. 우리의 힘을 보여주어야 합니다.

오늘날, 거의 5억 인구가 모인 연합이 우크라이나를 위해 결집하고 있습니다. 유럽인들은 우리 연합 전역의 러시아 대사관 앞에서 시위를 하고 있습니다. 이들 중 상당수는 푸틴의 폭격으로부터 도망쳐 온 우크라이나인들에게 자신들의 집을 개방했습니다. 특히 폴란드, 루마니아, 슬로바키아, 헝가리가 여성, 남성, 어린이를 환영해주어 감사합니다. 유럽은 첫날뿐만 아니라 앞으로 몇 주, 몇 달 동안 그들과 함께할 것입니다. 그게 우리 모두의 약속이어야 합니다.

전 세계에 보내는 호소문

93

(박수)

이것이 바로 우리가 그들에게 안전한 지위와 학교, 의료 및 일자리에 접근할 수 있는 임시 보호 메커니즘을 활성화해야 하는 이유입니다. 그 사람들은 그것을 얻을 자격이 있습니다. 지금 당장 그렇게 해야 합니다. 우리는 이것이 시작에 불과하다는 것을 알고 있습니다. 더 많은 우크라이나 사람이 우리의 보호와 연대를 필요로 할 것입니다. 우리는 지금이나 앞으로도 그들을 위해 함께할 것입니다.

우리 연합의 목적에 부합하게 모두의 의견이 일치한다는 사실이 나는 자랑스럽습니다. 빛의 속도로 유럽연합은 러시아의 금융 시스템, 첨단 기술 산업, 부패한 엘리트에 대해 세 차례나 강력한 제재를 가했습니다. 이것은 우리 연합 역사상 가장 큰 제재안입니다. 이러한 조치가 결코 가볍지 않지만, 우리는 더 행동해야 한다고 느낍니다. 이러한 제재는 러시아 경제와 크렘린에 큰 타격을 줄 것입니다. 우리는 국제금융결제망Swift으로부터 러시아 주요 은행을 배제하고 있습니다. 또한 러시아에서 가장 중요한 단일 금융기관인 러시아 중앙은행의 거래를 금지했고, 이로 인해 수십억 달러의 외환 보유고가 마비되어 러시아와 푸틴의 전쟁에 대한 돈이 끊길 것입니다. 우리는 그의 전쟁 자금줄을 끊어야 합니다.

(박수)

둘째, 우리는 러시아 경제의 중요한 분야, 즉 러시아가 정유소를

업그레이드하고, 항공기들을 수리하고 현대화하는 것, 미래 번영을 위해 필요한 많은 중요한 기술 사용을 불가능하게 만들고 있습니다. 우리는 금권 과두 정치인들의 전용기를 포함한 러시아 항공기에 우리의 영공을 폐쇄했습니다. 요트든 고급차든 고급 부동산이든 다른 자산들도 모두 동결할 것입니다.

셋째, 전례가 없는 또 다른 조처로 우리는 크렘린 선전기구들의 면허를 정지하고 있습니다. 국영 러시아 《투데이》와 《스푸트니크》, 그리고 그들의 모든 자회사들은 더 이상 푸틴의 전쟁을 정당화하고 우리 연합을 분열시키기 위해 거짓말을 퍼뜨릴 수 없게 될 것입니다. 이는 러시아의 전례 없는 침략에 대한 유럽연합과 우리 파트너들의 전례 없는 행동입니다.

이러한 각 조처들은 우리의 파트너 및 동맹국 들인 미국, 영국, 캐나다, 노르웨이와 긴밀히 연계되어 있으며, 예를 들어 일본, 한국, 호주와도 밀접하게 관련돼 있습니다. 현재 세계 경제의 절반을 훨씬 넘게 차지하는 30개국 이상의 나라들도 러시아에 대한 제재와 수출 규제를 발표했습니다. 만약 푸틴이 유럽연합을 분열시키고, 나토를 약화시키고, 국제사회를 분열시키려 했다면, 그는 정반대의 성과를 거둔 것입니다. 우리는 그 어느 때보다도 단결해 이 전쟁에 맞서고 있으며, 분명히 이기고 승리할 것입니다. 우리는 하나이고 앞으로도 그럴 것입니다.

(박수)

의원 여러분, 저는 이러한 제재들로 인해 우리 경제도 대가를 치르리라는 것을 잘 알고 있습니다. 이 점을 아는 만큼 나는 유럽 사람들에게 솔직하게 말하고 싶습니다. 우리는 2년간의 팬데믹을 견뎌왔기에 이제 경제적·사회적 회복에 집중할 수 있기를 바라고 있었습니다. 그러나 나는 우리가 이 잔인한 침략에 맞서야 한다는 것을 유럽인들이 잘 알고 있다고 믿습니다. 그렇습니다, 자유를 지키는 데는 대가가 따릅니다. 지금은 결정적인 순간입니다. 자유는 값을 매길 수 없고 고결한 것이기 때문입니다. 회원국 여러분, 이것이 우리의 원칙입니다. 자유는 돈으로 환산할 수 없습니다.

오늘의 투자는 우리의 미래를 더욱 독립적으로 만들 것입니다. 나는 무엇보다도 우리의 에너지 안보에 대해 생각합니다. 우리를 노골적으로 위협하는 공급원에 과도하게 의존할 수 없습니다. 이것이 우리가 다른 세계적인 공급원들에 연락을 취한 이유입니다. 그들은 응답하고 있습니다. 우선 노르웨이가 나서고 있습니다. 1월에는 기록적인 LNG 가스 공급을 받았습니다. 우리는 새로운 LNG 터미널을 건설하고 가스 연결망 작업을 하고 있습니다. 하지만 장기적으로는 재생 가능 에너지와 수소로 전환하는 것이 우리가 진정으로 의존에서 벗어나는 길입니다. 우리는 녹색 에너지로의 전환을 가속화해야 합니다. 왜냐하면 유럽이 태양광, 풍력, 수력 발전 또는 바이오매스로부터 전력을 생산하면 할수록 러시아 가스 및 기타 에너지원에 대한 의존도가 줄어들기 때문입니다. 존경하는 의원 여러분, 이것은 전략적인 투자입니다. 왜냐하면 무엇보다도 러시아 가스와 다른 화석 연료 자원에 대한 의존도를 낮춘다는 것은 크렘린의 전쟁 자금이 줄어든다는 것을 의미하기 때문입니다. 이것 또한 사실입니다.

우리는 결연합니다. 유럽은 위기에 대처할 수 있습니다. 방어에서도 마찬가지입니다. 유럽의 안보와 방어는 지난 20년 동안보다 지난 6일 동안 더 많이 발전했습니다. 대부분의 회원국은 우크라이나에 군사 장비를 인도하기로 약속했습니다. 독일은 가능한 한 빨리 GDP의 2%를 방위비로 사용하는 나토의 목표를 달성하겠다고 발표했습니다. 그리고 우리 연합은 예산을 사용해 사상 처음으로 공격받고 있는 나라에 군사 장비를 구입하여 공급하고 있습니다. 우크라이나 방위 지원을 위해 유럽평화기구에서 5억 유로를 지원했습니다. 첫 번째 꾸러미로서 우리는 이 비극적 전쟁의 결과에 대한 인도주의적 대처를 위해 유럽연합 예산에서 적어도 5억 유로를 방위 지원 금액으로 보탤 것입니다.

의원 여러분, 이것은 우리 연합의 분수령입니다. 우리는 안전과 국민의 보호를 당연한 것으로 여길 수 없습니다. 우리는 그것을 위해 일어서야 합니다. 그것에 투자해야 합니다. 우리 몫의 책임을 져야 합니다.

이 위기는 유럽을 변화시키고 있습니다. 하지만 러시아도 역시 기로에 서 있습니다. 크렘린의 행동은 러시아와 그 국민의 장기적 이익을 심각하게 훼손하고 있습니다. 점점 더 많은 러시아인이 이 사실을 이해하고 있습니다. 그들은 평화와 자유를 위해 행진하고 있습니다. 크렘린은 이것에 어떻게 반응하고 있습니까? 그들은 수천 명을 체포했습니다. 그러나 궁극적으로 평화와 자유에 대한 갈망은 침묵시킬 수 없습니다. 푸틴의 탱크 옆에는 또 다른 러시아가 있습니다. 그리고 우리는 이 다른 러시아에도 우정의 손을 내밉니다. 약속하건대, 그들은 우리의 지원을 받을 것입니다.

(박수)

존경하는 회원국 여러분, 지금 우크라이나는 가장 어두운 시간을 마주하고 있습니다. 동시에 우크라이나 국민은 우리 모두를 위해 자유의 횃불을 들고 있습니다. 그들은 엄청난 용기를 보여주었습니다. 그들은 자신들의 생명을 지키고 있습니다. 하지만 그들은 또한 보편적 가치를 위해 싸우고 있고 그것들을 위해 기꺼이 죽으려 합니다. 젤렌스키 대통령과 우크라이나 국민은 우리에게 진정한 영감을 불어넣고 있습니다. 우리가 마지막으로 대화를 나눴을 때, 그는 우리 연합에 가입하려는 자국민의 희망을 다시 말했습니다.

오늘날 유럽연합과 우크라이나는 그 어느 때보다 가까워졌지만,

아직도 갈 길은 멉니다. 우린 이 전쟁을 끝내야 합니다. 그다음에 우리는 다음 단계를 이야기해야 합니다. 하지만 확신합니다. 이 회의실에 있는 여러분은 우리 유럽의 가치를 위해 용감하게 일어선 그 사람들이 유럽 가족에 속한다는 사실을 의심하지 않을 것입니다.

명예로운 회원국 여러분, 저는 유럽 만세를 외칩니다. 그리고 자유롭고 독립적인 우크라이나 만세!

My z vamy, Slava Ukraini!(우리는 당신들과 함께할 것입니다. 우크라이나에 영광을!)

5장

러시아를 압박하는 전방위 제재

ZELENSKY

거대 패스트푸드 업체인 맥도날드는 "우크라이나에서 벌어지고 있는 불필요한 인간의 고통을 무시할 수 없습니다"라며 러시아 내 850개 모든 레스토랑의 임시 휴업을 발표했다.

─────── 러시아는 2022년 2월 24일 우크라이나를 침공한 직후 국제사회로부터 제재의 물결을 맞았다. 갈등이 길어지면서 더 많은 제재가 발표되었다.

러시아는 2022년 말까지 일련의 수출을 금지함으로써 반격했다. 이 금지 조치에는 통신, 의료, 자동차, 농업, 전기 장비뿐만 아니라 목재를 포함한 일부 임산물도 포함되었다. 추가 조치로는 외국 선박들의 러시아 항구 사용 제한도 포함될 수 있다.

미하일 미슈스틴Mikhail Mishustin 러시아 총리는 자동차, 철도 차량, 컨테이너처럼 러시아에 진출한 외국 기업의 상품 수출도 금지될 것이라고 말했다.

드미트리 메드베데프Dmitry Medvedev 전 러시아 대통령은 러시아에서 철수하는 서방 기업들의 자산이 국유화될 수 있다고 경고했다. 이러한 반응은 미리 예상했던 바였다.

각국 정부는 러시아의 조치에 신속하게 대응하여 금융과 무역에 관한 제재를 가했다. 그 영향은 거의 즉각적으로 러시아 통화 가치를 무너뜨려 루블화 가치가 1센트에도 미치지 못했다. 러시아의 인플레이션율은 침공 첫 주에 2% 이상 상승해 1998년 이후 가장 빠른 상승률을 보였다.

가장 중요한 제재는 러시아 석유에 대한 조치였다. 미국, 영국, 유럽연합은 모두 러시아산 원유 수입 금지와 제한을 발표했다. 러시아는 석유 수출을 늘리기 위해 인도로 눈을 돌렸다. 보도에 따르면 인도는 러시아로부터 원유 등 원자재를 할인된 가격에 루피화-루블화 거래로 사들이는 방안을 검토하고 있다.

인도와 러시아(당시 소련)는 오랫동안 전략적 관계를 맺고 있었다. 냉전 기간에 두 나라는 군사적·경제적·외교적 관계도 맺었다. 소련이 해체된 후 러시아는 인도와의 관계를 '특별하고 특권 있는 전략적 동반자 관계'라고 부르며 긴밀하게 이어나갔다.

일부 국제 무역상들은 제재에 휘말리지 않기 위해 러시아산 석유를 기피하고 있지만, 인도 당국자는 제재와 상관없이 연료를 수입할 것이라고 말했다(인도는 러시아의 우크라이나 침공을 비난하는 유엔 표결에서 기권했다). 이 당국자는 석유 등 물품 대금을 지불하기 위해 루피화-루블화 거래 메커니즘을 마련하는 작업이 진행 중이라고 말했다.

스포츠 단체들 또한 즉시 러시아를 비난하기 시작했다. 2월 동계

올림픽을 위해 베이징으로 향하던 러시아와 벨라루스 선수들은 국제올림픽위원회(IOC)로부터 거절을 당했다. FIFA와 UEFA는 '추후 통지가 있을 때까지' 모든 러시아 국제 팀과 클럽 팀을 축구 경기에 출전시키지 않겠다고 공동으로 발표했다. 이로 인해 러시아는 폴란드와의 월드컵 플레이오프를 치르지 못하게 되었다.

영국 정부는 첼시의 구단주이자 세계 최고 갑부인 로만 아브라모비치Roman Abramovich에게 제재를 가했다. 영국 각료들은 그가 블라디미르 푸틴 정권과 '명백한 연관'이 있으며, '손에 피를 묻힌' 사업가 중 하나라고 비난했다.

그는 150억 파운드에 달하는 재산을 가진 7명의 러시아인 중 한 명으로 영국 자산이 동결되었고 영국으로 여행하는 것도 금지되었다. 아브라모비치는 이미 첼시에 대한 소유권을 시장에 내놓았으나 그의 자산 동결로 매각 계획은 불확실한 상황에 놓였다.

리즈 트러스Liz Truss 영국 외무부 장관도 "'올리가르히(푸틴 대통령과 연관된 부유한 러시아인들)'들은 우리 경제나 사회에서 설 자리가 없을 것"이라고 말했다.

"푸틴과 밀접한 관계가 있는 그들은 푸틴의 침략 행위에 연루되어 있습니다. 그들의 손에는 우크라이나 국민의 피가 묻어 있습니다. 그들은 고개를 숙여야 합니다"라고 그녀는 말했다.

자동차 경주 관리기관은 러시아와 벨라루스 양국에서 열리는 대회를 취소했고, '추가 통지가 있을 때까지' 양국 국기와 국가 사용을 금지했다. 하스 F1 팀은 러시아의 드라이버 니키타 마제핀과 타이틀 스폰서 우랄칼리와의 계약을 해지했다.

세계육상경기연맹은 러시아와 벨라루스의 모든 선수가 세계육상경기 시리즈 대회에 참가하는 것을 금지했다. 국제테니스연맹(ITF)은 러시아테니스연맹(RTF)과 벨라루스테니스연맹(BTF)의 ITF 회원 자격과 ITF 국제 단체전 출전을 '추후 통지가 있을 때까지' 정지시켰다. ITF는 러시아와 벨라루스 대회도 모두 취소했다. 러시아와 벨라루스는 2022년 데이비스컵이나 2022년 빌리 진 킹컵에는 출전할 수 없었지만, 선수들은 ATP와 WTA 투어와 그랜드 슬램에 개인 자격으로 출전할 수 있었다(러시아에 대한 제재로 오스트레일리아가 데이비스컵에서 대신 경기를 치를 수 있었다).

CNN에 따르면 세계 각지의 스포츠 운영 기구들은 러시아와 벨라루스 선수들에 대해 경기 유예나 국기를 사용하지 못하게 하는 등 제재 조치를 취했다. 영향을 받은 스포츠는 양궁, 배드민턴, 야구, 소프트볼, 농구, 바이애슬론, 카누, 체스, 컬링, 사이클, 체조, 하키, 아이스하키, 유도, 5종 경기, 조정, 럭비, 요트, 스키, 서핑, 수영, 태권도, 철인 3종 경기, 배구 등이었다.

여론의 압력으로 러시아에서 영업하는 기업들도 제재 움직임에 동참했다. 다른 어떤 것보다도 러시아 사람들을 놀라게 한 것은 맥도날드, 코카콜라, 스타벅스가 러시아에서 영업을 중단했다는 사실이다.

직원 6만 2천 명을 고용하고 있는 거대 패스트푸드 업체인 맥도날드는 "우크라이나에서 벌어지고 있는 불필요한 인간의 고통을 무시할 수 없습니다"라며 러시아 내 850개 모든 레스토랑의 임시 휴업을 발표했다.

그 발표의 영향은 즉각적이었다. 맥도날드 드라이브 스루와 식당 밖에는 거대한 줄이 형성되었다.

제재에 참여하는 기업들이 급속히 증가했다. 어떤 기업들은 다른 기업들보다 행동하는 데 시간이 더 걸렸지만 결국 '유럽연합의 분위기'를 파악했다.

펩시코는 주력 음료인 펩시콜라와 세븐업, 미란다를 러시아에서 판매하지 않기로 했지만, 우유와 이유식 같은 제품은 계속 제공할 것이라고 말했다. 라몬 라구아르타 펩시코 최고경영자는 "우리는 사업을 계속하면서 우리의 공급망에서 일하는 2만 명 러시아 직원과 4만 명 농업 노동자의 생계를 지원할 것"이라고 말했다.

러시아에 130개 커피숍이 있는 스타벅스는 모든 영업을 중단한다고 밝혔다. 개인들이 소유하는 약 1천 개의 KFC와 50개의 피자헛을 거느린 '얌! 브랜드Yum! Brands'는 회사가 소유한 KFC 지점 영업을 종료한다고 발표했다.

이 회사는 피자헛도 같은 조치를 취할 수 있도록 "최종 합의 단계에 있다"라고 말했다. 러시아에서 거둔 모든 사업 수익은 '인도주의적 노력'을 위해 사용될 것이다.

러시아를 떠나는 유럽 브랜드들에 합류한 하이네켄은 이 전쟁이 "이유 없고 전혀 정당하지 않다"며 러시아에서 하이네켄 맥주의 광고와 판매를 중단하겠다고 밝혔다. 칼스버그도 그 뒤를 따랐다.

세계 최대 음악 회사인 유니버설 뮤직 그룹은 모든 영업을 중단하고 러시아에 있는 사무실들을 폐쇄했다.

월트 디즈니사와 워너브라더스사를 포함한 미국 영화사들은 러시아 사람들이 매우 기대해온 영화의 개봉을 연기했다고 말했다.

넷플릭스는 1년도 안 돼 서비스를 중단했다. 이 회사는 앞서 이 플랫폼을 통해 여러 국영 방송사의 방송을 방영하라는 새로운 규정을 준수하지 않을 것이라고 말했다.

이케아는 러시아 상점들을 폐쇄하고 생산을 중단했으며 러시아와 벨라루스와의 모든 수출입도 중단했다.

나이키는 러시아에서 소유하고 운영하던 매장들을 일시적으로 폐쇄한다고 밝혔다.

페덱스FedEx와 UPSUnited Parcel Service는 러시아로 보내는 소포 수송을 중단했다.

애플은 러시아에서 아이폰과 다른 제품들의 판매를 중단했다.

러시아의 RT 및 스푸트니크 뉴스 앱은 더 이상 러시아 밖의 애플 앱스토어에서 다운받을 수 없다.

구글은 러시아에서 모든 광고를 중단했다. 이 나라의 통신 검열관은 유튜브의 비디오들이 잘못된 정보를 퍼뜨리고 시위를 부추긴다고 비난했다.

틱톡은 침략에 대한 허위 정보를 포함한 동영상을 올리는 사람들을 투옥하겠다는 러시아 당국의 새로운 법에 대항하여 러시아에서 새로운 비디오 업로드와 라이브 스트리밍을 중단했다(중국에서 동영상 공유 애플리케이션인 더우인Douyin으로 알려진 틱톡은 중국 기업 바이트댄스ByteDance Ltd가 소유한 비디오 기반 소셜 네트워크이다).

침공이 장기화하면서 러시아에서의 활동을 중단하거나 철수하는 기업 명단이 늘어났다. 미국 보도에 따르면 러시아 내 주요 기업들을 감시해온 예일대학 팀은 러시아 철수를 선언한 약 290개 기업 목록을 작성했다. 이는 '1980년대 남아프리카 공화국의 아파르트헤이트(남아프리카 공화국의 백인 정권에 의하여 1948년에 법률로 공식화된 인종 분리, 즉 남아프리카 공화국 백인 정권의 유색 인종에 대한 차별 정책)에 대한 대규모 기업 불매운동'을 연상케 한다. 러시아에서의 영업이 상당한 비중을 차지하는 약 30개 다국적 기업도 리스트에 올라 있었다.

제재는 우크라이나에서 무슨 일이 벌어지고 있는지 러시아 국민들에게 알리는 데 중요했다. 국영 언론이 부인하는 현실 말이다.

인디애나대학에서 기업윤리학을 가르치는 팀 포트Tim Fort 교수는 AFP 통신과의 인터뷰에서 "러시아인들은 빅맥 없이도 사는 데는 지장이 없겠지만, '맥도날드는 왜 문을 닫은 거지? 무슨 일이 일어나고 있는 거야?'라고 의문을 품을 것입니다. 제재는 그런 의미에서 더 강력한 신호입니다"라고 말했다.

금융, 상업 제재는 러시아에 우크라이나 침공을 계속하는 한 국제 경제에 참여할 수 없다는 메시지를 보냈다.

유럽연합은 금융 제재에서 한 걸음 더 나아가 포뮬러 자동차 경주 중 하나인 '포뮬러원'의 한 드라이버와, 이전에 버킹엄 궁전 다음으로 런던에서 두 번째로 큰 3억 파운드짜리 저택을 소유했던 러시아인 한 명을 유럽연합 제재 목록에 올렸다. 이는 블라디미르 푸틴과 '가장 가까운 사람들'을 압박하기 위해서였다.

전직 백악관 윤리 변호사이자 미네소타대학의 교수인 리처드 페인터Richard Painter에 따르면, 다국적 기업의 자발적 철수와 함께 서방 정부들 사이의 광범위한 합의를 통해 러시아에 가해진 경제 제재는 "러시아를 다루는 가장 좋은 방법"이라고 말한다.

식품, 음료 그리고 엔터테인먼트 회사와 함께 몇몇 세계적인 금융 산업 브랜드도 제재 행진에 동참했다.

비자카드와 마스터카드는 러시아 영업을 중단했다. 외국인들은 러시아에서 비자카드나 마스터카드를 이용해 온라인 또는 직접 구매를 할 수 없을 것이다. 단 러시아인들은 러시아에서 계속 그 카드를 사용할 수 있다.

아메리칸 익스프레스도 러시아에서의 서비스를 중단했다. 전 세계에서 발급된 아멕스AmEx카드는 러시아의 가맹점이나 ATM에서는 사용할 수 없으며 러시아 은행이 발급한 아멕스카드는 러시아 밖의 아멕스 네트워크에서 사용할 수 없다고 회사 측은 밝혔다.

페이팔은 국제 송금 서비스인 줌Xoom을 포함, 러시아에서의 영업을 중단했다.

카드사들의 철수 사태로 많은 러시아인이 자금을 조달하지 못해 해외에서 발이 묶였다. 많은 정치 인사, 부유한 과두 정치인들과 그 가족들은 자산 동결, 여행 금지, 기업 블랙리스트 등재와 같은 제재를 받았다.

미국, 영국, 유럽연합은 블라디미르 푸틴 대통령과 그의 외무부 장관 세르게이 라브로프의 자산을 동결하기 시작했고, 자국의 국민과 기업이 러시아 중앙은행, 재무부, 그리고 러시아 펀드와 거래하는 것을 금지했다.

일부 러시아 은행들은 국경을 넘어 원활한 자금 이체를 가능하게 하는 국제금융결제망에서 제외되었다. 이 금지 조치는 러시아의 석유와 가스 수출 대금 지급을 지연시킬 것이다.

푸틴 대통령의 외국 보유 자산은 동결되었지만 그는 여전히 그런 동결이 이루어진 지역으로 여행할 수 있었다. 유럽연합에 따르면 자산 동결의 이유는 그가 도네츠크와 루간스크의 독립을 인정하고 러시아군에 우크라이나를 전면 침공하도록 명령했기 때문이다.

러시아의 침략을 도운 혐의를 받고 있는 벨라루스도 유럽연합, 미국, 영국의 제재를 받았다.

일본, 캐나다, 호주, 한국을 포함한 다른 서방 동맹국들도 러시아에 대한 제재를 채택했다.

러시아의 첫 반응은 루블화 하락을 막기 위해 기준 금리를 2배 이상 올리는 것이었다. 서방의 제재가 본격화하면서 잠재적 경제 재앙에 직면한 러시아 당국은 철수하려는 외국 기업의 대표를 체포, 자산 압류 등으로 위협했다고 《월스트리트저널》이 보도했다.

러시아 검찰은 코카콜라, 맥도날드, 프록터앤갬블, IBM, 얌! 브랜드 등 여러 외국 회사에 (전화, 편지, 직접 방문 등을 통해) 경고를 내렸다. 러시아는 또한 국채를 보유한 외국인 투자자에 대한 이자 지급을 막고 러시아 기업들이 해외 주주에게 지급하지 못하도록 금지했다.

러시아는 수백억 달러의 러시아 주식과 채권을 보유한 외국인 투자자들의 자산 매각을 막았다.

6장

러시아의 우크라이나 침공 이후

ZELENSKY

이제 전쟁은 유럽의 식량 인플레이션을 더욱 높이고 세계 최빈국들에서 식량 부족을 초래할 가능성이 있다.

−러시아 석탄 재벌 안드레이 멜니첸코

─────── 러시아가 2022년 2월 24일부터 우크라이나와 전쟁을 벌이면서 2차 세계대전에 버금가는 인도주의 위기가 찾아왔고 수많은 난민이 발생했다.

불과 3주 만에 250만 명으로 추산되는 우크라이나 사람들이 삶의 터전을 떠났고, 그들 중 많은 사람이 이웃 국가와 유럽에서 그들의 안전과 미래를 더 보장받을 수 있다고 생각했다.

국내 민간 항공편은 침공 첫날 취소되었고, 사람들은 서쪽과 남쪽으로 향하기 시작했다. 우크라이나를 탈출한 사람들에게 폴란드는 가장 인기 있는 목적지였다. 3주 후 바르샤바는 더 이상 난민을 받을 수 없다고 발표했다.

루마니아, 몰도바, 헝가리도 난민들이 선호하는 목적지였다.

러시아가 설치한 '안전한' 통로는 전혀 안전하지 않았다. 대부분 러시아와 그 동맹국인 벨라루스로 이어졌다. 때때로 그 통로들은 러시아의 화력으로부터 공격을 받기도 했다. 휴전 선언은 보통 잘 지켜지지 않았다.

3월 9일, 모두가 휴전 기간으로 생각하던 시간에 러시아군은 남부 항구도시 마리우폴에 있는 어린이와 산부인과 병원을 공습하여 여러 명이 사망하고 부상을 당했다.

유엔난민고등판무관(UNHCR)이 발표한 바에 따르면 우크라이나에서 탈출한 사람들 중 1%를 조금 넘는 사람들이 러시아로 향했다.

우크라이나와 500킬로미터의 국경을 공유하는 서쪽의 폴란드는 우크라이나에 좋은 우방임이 드러났다. 폴란드는 포위된 대통령과 그의 국민에게 지원국들로부터 무기를 포함한 물자를 공급받는 통로로 사용됐다. 우크라이나를 향한 폴란드의 보급로는 러시아의 합법적 목표물로 지목되어서 나토 회원국에 대한 러시아의 직접적인 공격 가능성이 제기되고 있으며, 미국은 그러한 행동에 대해 경고하고 있다.

보급로를 파악하고 있던 러시아는 3월 13일, 폴란드 접경 지역 우크라이나에 있는 나토의 지원을 받는 군사기지를 공격해 30여 명의 목숨을 앗아갔다.

(폴란드는 1999년 체코와 헝가리와 함께 나토 회원국이 되었다. 이들 세 나라는 구소련 진영이자 바르샤바 조약에 가입했던 가입국으로서는 처음으로 미국의 지원을 받는 방어 동맹의 회원국이 되었다.)

대부분 여성과 어린이들로 구성된 난민들은 폴란드에서 환영을 받았지만 다시 고향으로 돌아가고 싶어 했다(우크라이나 남자들은 나라를 지킬 법적 의무가 있었기 때문에 떠날 수 없었다). 일부 사람들은 우크라이나에 가족이 남아 있었다. 열네 살의 다리 걸리크는 3일 동안 아버지로부터 소식을 듣지 못했다며 걱정했다. 그는 기자에게 "폴란드는 아주 좋아요. 하지만 우리는 집에 가고 싶어요. 왜냐하면 집은 집이니까요"라고 말했다.

유엔난민기구는 난민들이 모여든 접경 지역 상황이 암울하고 기온이 매우 낮으며 많은 사람이 국경을 건너기 위해 며칠을 길에서 보냈다고 말했다.

폴란드 당국은 난민들에게 무료 기차 여행과 의료 서비스 이용을 포함한 포괄적인 도움을 제공했다. 폴란드는 또한 코로나 검사 음성 증명을 보여야 한다는 요구도 철회했다.

헝가리는 이주를 금지했던 국경의 다른 부분도 개방했다. 몰도바에서는 자원봉사자 네트워크가 국경을 넘는 가족을 지원하고 숙박을 제공했다.

독일과 오스트리아는 무료 기차 여행을 제공했다.

한편, 미국은 우크라이나에서 난민에 관한 다큐멘터리를 제작하던 미국인 기자를 살해한 데 대한 책임을 묻겠다고 선언했다. 영화 제작자 브렌트 르노는 키이우 서쪽 어빈 근처에서 러시아군의 총격으로 사망했다.

안드레이 네비토프 키이우 지역 경찰서장은 "점령자들은 우크라이나에서 러시아군의 잔혹 행위에 대한 진실을 보여주려는 국제 언론사 기자들조차도 비웃듯 살해하고 있다"고 말했다.

제이크 설리번 미국 국가안보 보좌관은 CNN과의 인터뷰에서 "만약 미국인 기자가 살해된다면 그것은 충격적이고 끔찍한 사건입니다. 이는 블라디미르 푸틴과 그의 군대가 학교, 모스크, 병원, 언론인들을 목표로 삼는, 잔혹함의 또 다른 예입니다. 그리고 그것이 우리가 그에게 심각한 책임을 묻고, 할 수 있는 한 모든 형태의 군사 원조를 통해 우크라이나 사람들을 도우려고 애쓰는 이유입니다. 이러한 러시아군의 맹공격을 물리칠 수 있도록 말입니다."

미국 방송국에 따르면 레너드가 사망한 지 며칠 만에 폭스 뉴스에서 일하는 기자 2명이 살해됐다. 카메라맨 피에르 자크르제프스키(55)와 올렉산드라 쿠브시노바(24)는 키이우 외곽의 호렌카에서 타고 있던 차량이 화기의 공격을 당해 사망했다. 동료인 벤자민 홀(39)은 부상을 입었다.

우크라이나 의회의 인권 책임자인 류드밀라 데니소바는 이번 충돌로 최소 2명의 우크라이나 언론인도 사망했다고 전했다.

원조와 제재를 통해 전 세계가 젤렌스키 대통령을 지지함에 따라 그의 국내 지지율도 상승했다. 지난 3월 여론조사에 따르면 2021년 12월 우크라이나 국민의 31%만 그를 지지했는데 전쟁 이후 대통령의 지지율은 거의 3배 가까이 증가한 것으로 나타났다.

러시아와 우크라이나의 분쟁에서 어떤 종류의 해결이 이루어지려면 아직 갈 길이 멀다. 협상을 시도하고 있지만 진전은 없으며 어떤 접점도 찾지 못한 채 러시아는 자신들의 요구만 완강히 주장했다.

푸틴은 나토, 미국, 그리고 다른 유럽 정부들의 지원이 파병으로까지 확대되지는 않으리라고(그것은 사실이었다) 믿었던 것 같다. 많은 지도자가 3차 세계대전의 시작을 언급하며 파병 대신 가혹한 제재를 가하는 쪽을 선호했다.

바이든 미국 대통령은 "2가지 선택 방안이 있습니다. 3차 세계대전을 일으켜서 러시아와의 물리적 전쟁을 시작하는 것과 두 번째 방안, 국제법에 위배되는 행동을 하는 나라가 그 대가를 치르게 하는 것입니다"라고 말했다.

하지만 아무도 답변하지 않은 질문이 있다. "만약 러시아가 민주주의 국가의 선출된 대통령을 암살한다면?" 젤렌스키 대통령의 목숨을 노린 열두 건에 달하는 암살 시도에 대한 보고가 있었다.

러시아는 자신들의 모든 요구, 즉 우크라이나가 항복하고 군사 행동을 중단할 것, 중립을 지키도록 헌법을 바꿀 것, 나토 진영에 가입하지 말 것, 크림반도를 러시아 영토로 인정할 것(러시아는 1783년 러시아 제국에 의해 정복되었지만 1991년 이후 우크라이나의 일부였던 크림반도를 2014년에 합병했다), 그리고 그들로부터 분리해나간 도네츠크와 루간스크 공화국을 독립 국가로 인정할 것 등이 수용되어야 한다며 물러서지 않는다.

처음부터 우크라이나는 서방과 주변국들로부터 지지를 받는 가운데 이런 조건을 거부했다. 젤렌스키 대통령은 몇 가지 제한적인 부분에서 자신의 입장을 누그러뜨리는 듯 보였다.

그는 "나토와 관련해서는 그들이 우크라이나를 받아들일 준비가 되어 있지 않다는 것을 오래전에 알고 난 후 이 문제에 대해 냉정해졌다"고 미국의 ABS 뉴스에 말했다.

그는 덧붙였다. "나토는 논란을 일으키거나 러시아와의 대립을 두려워하고 있습니다. 우크라이나가 무릎 꿇고 구걸하는 나라가 되지는 않기를 바랐습니다. 우리는 그런 나라는 되지 않을 것이고, 나는 그런 대통령이 되고 싶지 않습니다."

그는 또 러시아 지원을 받는 우크라이나 동부 분리주의 지역에 대한 통제를 논의할 용의가 있다고 말했는데, 그것이 평화회담의 문을 열 수도 있었다.

"우크라이나의 일부가 되고 싶은 사람들이 그곳에서 어떻게 살지는 제게 중요합니다. 나는 스스로를 러시아 연방의 시민이라고 생각하는 사람들의 의견에도 관심이 있습니다. 어찌되었건, 우리는 이 문제를 논의해야 합니다"라고 젤렌스키 대통령은 말했다.

러시아의 관점에서 볼 때 푸틴 대통령은 우크라이나에서 빠르게 승리할 줄 알았지만 이러한 희망은 물거품이 되었다. 빠른 항복은 일어나지 않았다.

러시아군은 전략을 바꿔 인구 밀집 지역에 포격을 가하기 시작했다. 아마도 러시아가 체첸 전쟁 당시 수도 그로즈니에서 보였던 잔혹한 전술로 전환했음을 알리는 것일 수도 있었다. 2003년 유엔은 그로즈니를 세계에서 가장 심하게 파괴된 도시로 선포했다.

러시아의 공격이 키이우 외곽에 집중되면서 젤렌스키 대통령은 조국에서 체첸의 참상이 되풀이되는 것을 보고 싶지 않았을 것이다.

젤렌스키 대통령은 또한 러시아가 예상한 신속한 승리가 현실화하지 않자 점차 거론되는 핵공격 위협도 대수롭지 않게 여겼다.

푸틴 대통령은 자국에 가해지는 제재의 물결에 대응해 핵무기 운용 부대에 비상 경계 태세를 갖추라고 지시했지만, 젤렌스키 대통령은 서방 세계가 우크라이나 방위에 동참한다면 푸틴이 핵전쟁을 일으킬 것이라는 우려는 하지 않아도 된다고 했다.

젤렌스키 대통령은 독일 신문인 《디 자이트》와의 서면 인터뷰에서 "핵전쟁의 위협은 엄포라고 생각합니다"라고 말했다. "살인자가 되는 것과 자살은 다른 문제입니다. 핵무기의 사용은 핵무기를 사용하는 사람뿐만 아니라 모두의 종말을 의미하죠. 푸틴의 위협은 오히려 그가 약하다는 것을 보여줍니다. 다른 어떤 것도 효과가 없을 때만 핵무기를 사용한다고 위협하는 법이죠."

한편 젤렌스키 대통령은 제재 조치가 푸틴의 공격을 멈추게 하기에 충분하지 않다고도 말했다.

그는 "만약 그랬다면 공세는 이미 멈췄을 것"이라고 《디 자이트》에 말했다. "러시아의 석유와 가스는 여전히 팔리고 있습니다. 서방 기업들도 여전히 여러 가지 핑계를 대며 러시아 시장에서 영업을 하고 있고요."

젤렌스키는 또 그루지야, 몰도바, 발트3국을 포함한 주변국들에 대해 경고를 하며 그들이 러시아의 다음 목표물 리스트에 오를 수 있다고 말했다. 이것은 서방 국가들도 우려하는 바이다.

세르게이 라브로프 러시아 외무부 장관은 러시아가 그러한 위협을 가한 것을 부인했다.

라브로프는 터키 기자에게 "우리는 다른 나라를 공격할 계획이 없다"고 말했다. "우리는 우크라이나도 공격하지 않았다"고 말하는 그의 명백한 거짓 진술을 듣고 안심하는 사람은 거의 없을 것이다.

러시아는 미국이 우크라이나에서 생물학무기연구소를 운영하고 있다고 주장함으로써 생물전에 대한 두려움도 제기했다.

미국과 우크라이나 정부는 둘 다 우크라이나에 생물학무기연구소의 존재를 부인했다. 우크라이나에는 정부에서 운영하는 생물학 위협 분석 및 방어 연구소가 있지만 극우 논객들과 러시아 정부의 주장처럼 그들이 생물학무기를 개발하고 있다는 명백한 증거는 없다.

이런 주장은 러시아가 생물학무기를 사용할 수 있도록 거짓 깃발을 만드는 것으로 보인다(거짓 깃발 작전은 정치적 또는 군사적 행위가 실제로 책임이 없는 당사자들에 의해 수행된 것처럼 보이게 만드는 방식을 말한다).

젠 사키 백악관 대변인은 트위터를 통해 다음과 같이 밝혔다.

"우리는 모두 러시아가 우크라이나에서 화학무기나 생물학무기를 사용하거나 이것들을 사용하는 거짓 깃발 작전을 할 가능성을 경계해야 한다."

화학무기와 생물학무기의 사용은 1925년 제네바 의정서에 따라 금지되어 있다. (이 의정서는 1925년 5월 4일부터 6월 17일까지 제네바에서 국제연맹 주최로 개최된 회의에서 작성하고 서명되었으며 1928년 2월 8일부터 발효되었다.)

실제로는 "재래식 전쟁이 상당한 사상자를 내고 있으며 많은 우크라이나 사람이 러시아의 포격을 피하지 못했다." 유엔 인권사무소는 3월 8일까지 사망 474명, 부상 861명을 포함한 1,335명의 민간인 사상자를 확인했다고 밝혔다.

민간인 사망자 보고가 확인될 때까지 사상자 수는 정확하다고 볼 수 없다는 지적이 나왔다. "예를 들면 볼노바카, 마리우폴, 이즈움 등지에서 수백 명의 민간인 사상자가 발생했다는 주장이 있습니다"라고 사무소는 말했다.

제네바에 있는 유엔 주재 우크라이나 대사 예베니아 필리펜코는 인권이사회에서 "우크라이나 주요 도시의 주택가에 대한 무차별 폭격과 포격으로 수십 명의 민간인 사상자가 발생했다는 소식이 매일같이 들려옵니다"라고 말했다.

러시아는 벨라루스 외에는 직접적인 동맹국이 거의 없었지만, 중국과 이를 선두로 35개국이 러시아의 행동을 비난하는 유엔 표결에서 기권했다. 중국이 군사 행동에 대한 두려움을 불러일으키며 대만을 공산주의 국가로 되돌리겠다고 공언한 것을 감안하면 중국의 입장은 그리 놀랍지 않다. 중국은 틀림없이 러시아의 행동이 야기할 결과로부터 자신들이 취할 행동에 대한 단서를 얻으려 할 것이다.

러시아의 행동을 비난하거나 그들의 행위를 침략이라고 부르기를 거부하던 중국은 러시아에 대한 불법 제재에 반대한다는 입장을 거듭 표명했다.

시진핑習近平 중국 국가주석은 전쟁이라는 단어를 쓰기까지 2주가 걸렸다. 그는 에마뉘엘 마크롱 프랑스 대통령과 올라프 숄츠 독일 총리와의 화상 회담에서 우크라이나에서 '최대한 자제'를 촉구하며 "중국은 유럽에서 다시 전쟁의 화염이 솟구치는 것을 보고 고통스럽다"라고 말했다. 그것은 지금까지 그 분쟁에 대한 그의 가장 강력한 진술이었다. 그는 3개국(중국, 프랑스, 독일)이 러시아와 우크라이나 간의 평화 협상을 공동으로 지지해야 한다고 말했다. 중국 외교부 대변인은 중국이 경제적 제재에 '강력히 반대'하고 있으며, 국제법상 아무런 근거도 없는 제재라고 말했다.

대변인은 "자의적으로 제재의 막대기를 휘두르는 것은 평화와 안보를 가져올 수 없고 경제와 민생에 영향을 미칠 뿐이며, 결국 양쪽 모두 손해를 보게 될 것이고 분열과 대립을 악화시킬 것"이라며 "중국과 러시아는 좋은 협력 관계를 맺고 있으며 '존중, 평등, 상호 이익'의 정신 아래 석유와 가스를 포함한 정상적인 무역 관계를 지속할 것"이라고 덧붙였다.

미국은 중국에 모스크바에 군사적 또는 재정적 지원을 하지 말라고 경고했다. 미국 정부 관리들에 따르면, 러시아는 중국 정부에 군사적·경제적 지원을 요청했고, 이에 대해 중국은 원조를 제공하겠다는 뜻을 보였다고 한다. 러시아 정부는 자신들의 목적을 달성하기에 충분한 자원이 있다며 이러한 주장을 부인했다. 중국 외교부는 원조 관련 보도를 '가짜 뉴스'라고 규정했다.

네드 프라이스 미 국무부 대변인은 이날 제이크 설리번 국가안보 보좌관이 로마에서 양제츠 중국 최고 외교관을 만난 후 이같이 말했다고 발표했다. "어떤 나라도 러시아의 손실을 보상하는 것을 허용하지 않을 것입니다. 우리는 방관하지 않겠다는 뜻을 베이징에 분명히 전달했습니다."

그 제재는 러시아에 여러 가지 결과를 가져왔다. 피치Fitch(신용평가 회사)는 러시아 정부 부채에 대한 견해를 하향 조정하면서 국가 부도가 '임박'했다고 경고했다. 피치사가 러시아의 채무 상환 능력을 B등급에서 C로 낮춘 것은 2주 만에 두 번째 등급 조정이었다.

경쟁사인 무디스와 스탠더드 앤드 푸어스도 러시아 국가 부채에 대한 국가의 신용 등급을 대폭 하향조정했다.

러시아는 이미 채권 지급이 제재의 영향을 받을 수 있다고 밝힌 바 있다.

러시아에서 몇몇 부유한 사업가들은 평화를 요구했다. 그들 중 한 명인 러시아의 석탄과 비료 왕으로 알려진 안드레이 멜니첸코 Andrey Melnichenko는 우크라이나에서의 전쟁은 중단되어야만 하는 비극이며, 그렇지 않으면 세계적인 식량 위기가 일어날 것이라고 말했다.

그는 전 세계 비료 가격이 이미 많은 농부에게 너무 비싸다고 말했다. "우크라이나 사태는 정말 비극적입니다. 우리에게는 평화가 시급해요." 러시아인이지만 벨라루스 태생으로 우크라이나인 어머니를 둔 멜니첸코(50)는 대변인이 보낸 이메일 성명에서 말했다.

"벨라루스에서 태어났지만 러시아 국적과 우크라이나의 혈통을 가진 사람으로서 형제들이 싸우고 죽는 것을 목격하는 것은 아주 고통스러워 믿기지 않을 정도입니다."

젤렌스키

멜니첸코는 스위스 추크Zug에 본사를 둔 러시아 최대 질산암모늄 생산업체인 우랄켐과 러시아 최대 석탄 생산업체인 시베리안석탄에너지SUEK를 설립했다.

"이번 사태로 이미 비료 가격이 급등해 농민들이 더는 살 수 없게 됐습니다"라고 그는 말했다.

멜니첸코는 이미 코로나로 인해 혼란에 빠진 공급망이 더욱 압박을 받고 있다고 말했다. "이제 전쟁은 유럽의 식량 인플레이션을 더욱 높이고 세계 최빈국들에서 식량 부족을 초래할 가능성이 있다"고 말했다.

제재와 금수 조치의 효과는 러시아만 느낀 것이 아니다. 나머지 국가들에서도 석유 가격이 거의 즉각적으로 상승했다. 우크라이나에 우호적인 국가들과 러시아와 거래하는 기업들이 모두 함께 우크라이나를 지원하고 러시아 내부의 동요를 조장하기 위해 계획된 행동을 실천함에 따라 그 여파는 매일 커졌다.

러시아는 전 세계에서 심지어 러시아 내부에서조차 시위의 표적이 되었다. 이는 푸틴 대통령이 그가 바라던 포퓰리즘의 지지를 받지 못할 수도 있다는 표시다.

러시아의 새로운 검열 관련 법은 그의 침략을 '특별 군사작전'이 아니라 '전쟁'이라고 부르는 사람들을 투옥하겠다고 위협했다.

그러한 법에도 불구하고, 소셜 미디어는 국영 미디어와 다른 관점으로 여전히 활발하게 활동했다. 호주에 본부를 둔 사이버 보안 전문가인 트로이 헌트는 이스라엘 언론에 "서방에서 오는 정보를 끊을 수 있었던 냉전 시대와는 결코 같지 않을 것이다. 확실히 그것은 큰 영향을 끼칠 것이다. 하지만 이제는 이러한 제어를 쉽게 피하는 기술을 사용할 줄 아는 사람들이 매우 많다."

510만 명 이상이 젤렌스키 대통령의 트위터를 팔로우하고 있기 때문에 그의 메시지는 러시아가 생각하는 것보다 훨씬 더 큰 영향력을 지녔다.

젤렌스키 대통령은 연설과 트윗을 통해 러시아산 석유에 대한 전면 금수 조치를 포함한 서방의 더 큰 조치를 촉구했다. 그러한 요구는 처음에 러시아에 가해진 많은 제재에는 포함되지 않았지만, 곧 힘을 얻기 시작했다.

젤렌스키 대통령은 비행기와 자국의 영공에 비행금지구역을 설정하는 것을 포함한 더 큰 군사적 지원을 호소하면서 "여러분과 같은 가치를 지닌 용감하고 강한 사람들이 말살되도록 내버려두지 마세요"라고 미국 상원 의원에게 말했다.

비행금지구역에 대한 요구는 여전히 논쟁의 여지가 있었다. 푸틴 대통령은 그러한 행동은 선전포고와 다름없을 것이라고 나토와 서방 세계에 통보했다.

젤렌스키 대통령은 서방이 조치를 취하지 않는다고 계속 비난해왔다. 그가 처음으로 300명 이상의 미국 의회 의원들에게 연설한 지 며칠 후에야 석유 금수 요구가 긍정적인 반응을 얻었다.

줌을 통한 그 회담은 젤렌스키 대통령이 침공 이후 처음으로 상하 양원에 연설한 것이다. 그는 몇 주 동안 외국 정부와 계속 접촉하면서 자국민에게 가해진 끔찍한 일에 관해 보고하고 지지를 호소할 예정이었다. 일주일 후 두 번째 의회 연설은 미국으로부터 추가적인 원조 응답을 이끌어냈다.

바이든 대통령은 3월 8일 백악관에서 발표한 성명에서 "미국이 러시아 경제의 주요 동맥을 겨냥하고 있음을 발표합니다. 우리는 러시아산 석유, 가스, 에너지 수입을 전면 금지합니다. 이는 러시아 석유를 더 이상 미국 항구에서 받아들이지 않을 것이고, 미국 국민은 푸틴의 전쟁 체제에 또 다른 강력한 타격을 입히리라는 것을 의미합니다."

미국보다 러시아 석유에 훨씬 더 많이 의존하는 유럽은 그때까지 그러한 조치를 주저했다. 그러나 바이든의 발표와 거의 동시에 영국은 대체 공급망을 찾으면서 러시아산 원유 수입을 2022년 말까지 단계적으로 중단하겠다고 밝혔다.

3월 16일 바이든 대통령은 우크라이나에 대한 8억 달러의 추가 군사 지원안에 서명했다. 전날, 미국 대통령은 우크라이나에 136억 달러를 긴급 원조하는 법안에 서명했다.

유럽연합도 '가능한 한 빨리' 러시아에 대한 에너지 의존을 단계적으로 중단할 계획을 발표했다.

마침내 서방이 젤렌스키의 호소에 귀를 기울이고 있었다.

우크라이나 대통령에게는 또 다른 문제가 있었다. 그의 군사 장비는 러시아 전투 장비의 위력에 비할 바가 못 되었다.

2021년 12월, 미국의 장갑차와 경비정을 선보이며 국군의 날을 맞았을 때, 젤렌스키 대통령은 그의 군대가 러시아의 어떠한 공격도 물리칠 수 있다고 말했다. 그는 "우크라이나 군인들은 러시아의 침략자로부터 국가의 자유와 주권을 지키는 가장 중요한 임무를 계속 수행하고 있다"라고 말했다.

두 달 후, 그는 전투기를 더 달라고 간청했다. 가장 유력한 공급국인 미국은 러시아와 더 큰 전쟁이 벌어질 것을 우려하여 선투기를 분쟁에 투입하려 하지 않았다.

뜻하지도 않게 폴란드가 28대의 미그MIG-29 전투기를 우크라이나에 제공하겠다고 전격 제안했다. 우크라이나 조종사들은 소련 시절에 만들어진 미그-29 전투기 조종 훈련을 받았기 때문이다. 폴란드는 우크라이나에 미그-29를 공급하고 미국으로부터 F-16 전투기를 받아 손실을 메꾸려고 했으나 펜타곤은 그 계획을 거부했다.

젤렌스키 대통령의 군사 원조 청원이 완전히 무시된 것은 아니었다. 바이든 대통령은 미 국무부에 최대 3억 5천만 달러 상당의 무기를 우크라이나에 방출하라고 지시했다. 이는 지난 12개월 동안 우크라이나에 대한 10억 달러의 안보 지원에 더해진 금액이다.

지도자들이 키이우에 4억 5천만 유로(약 5억 2백만 달러) 상당의 무기를 보내기로 합의한 후 유럽연합은 역사상 처음으로 무기 구매와 인도 자금을 지원했다. 일부 국가는 전투기를 제공하기로 합의했지만 자세한 내용은 알려지지 않았다.

영국은 지난 1월 우크라이나에 '경량형 대전차 방어 무기 시스템'을 공급하기로 결정했다. 보리스 존슨 영국 총리는 2월에 우크라이나 지원을 방어용 무기 형태의 치명적 지원과 비치명적 지원으로 확대했다고 발표했다.

뉴스 통신사들은 우크라이나로 더 많은 도움이 오고 있다고 전했다. 프랑스는 연료뿐만 아니라 더 많은 군사 장비를 보내기로 합의했다. 그들은 이미 방어용 대공무기와 디지털 무기에 대한 우크라이나 측의 요청에 응한 상태였다. 네덜란드는 방공 로켓과 대전차 무기를 공급하기로 합의했으며, 독일과 함께 슬로바키아의 나토 전투 부대에 패트리어트 방공 시스템을 파견하는 방안을 검토 중이라고 밝혔다.

독일은 1천 개의 대전차 무기와 500개의 스팅어 지대공 미사일을 약속했다. 이는 분쟁 지역으로의 무기 수출을 금지했던 베를린의 오랜 정책에서 크게 바뀐 것이다.

캐나다는 치명적인 군사 무기를 보냈고, 자기 방어를 위해 키이우에 5억 캐나다달러(3억 9,400만 달러)를 빌려주기로 합의했다.

비동맹국인 스웨덴도 우크라이나에 5천 개의 대전차 무기를 보냈고, 덴마크도 추가로 2,700개의 무기를 공급했다. 노르웨이는 헬멧과 방탄복, 그리고 최대 2천 개의 M72 대전차 무기를 보냈다.

중립국인 핀란드는 1,500개의 로켓 발사기, 2,500개의 돌격 소총, 15만 발의 탄약, 그리고 7만 인분의 야전 식량 등 무기를 제공하기로 합의했다.

벨기에는 우크라이나에 자동소총 3천 정, 대전차 무기 200정, 연료 3,800톤을 공급하겠다고 밝혔다.

포르투갈은 야간 투시경, 방탄조끼, 헬멧, 수류탄, 탄약, 자동 G3 소총을 제공했다.

그리스는 '방어 장비'와 인도적 지원을 제공했다.

우크라이나와 국경을 접하고 있는 루마니아는 부상자들을 11개 군병원에서 치료해주고 연료, 방탄조끼, 헬멧, 기타 330만 달러 상당의 '군사 물자'를 보내겠다고 제안했다.

스페인은 1,370개의 수류탄 발사기, 70만 발의 탄약, 경자동 무기를 제공했다.

체코는 박격포 4천 문, 권총 3만 문, 돌격 소총 7천 개, 기관총 3천 개, 저격 소총 다수와 총알 100만 발 등을 지원할 것이라고 밝혔다.

크로아티아는 1,600만 유로의 소형 무기와 방탄복을 제공했다.

이 모든 원조는 젤렌스키 대통령이 국민들에게 "우리는 우리의 독립과 국가를 지키고 있으며 앞으로도 그럴 것"이라고 다짐한 것에 대한 열렬한 지지로 보였다.

러시아가 짧고 강렬한 '초토화' 작전을 선택하지 않는 한, 전쟁은 양국 모두에게 장기전이 될 것이다.

전쟁의 마지막은 어떤 모습일까?

우크라이나 국민에게 최선의 희망은 협상에 의한 해결일 것이다. 하지만 그들의 대통령은 협상을 위해 무엇을 내주어야 할 것인가?

분명 그는 푸틴 대통령이 이미 2개의 분리주의 영토를 독립 국가로 인정하고 국제법을 무시한 채 러시아군의 배치를 명령한 우크라이나 동부의 돈바스 지역에서 벌인 일을 피하고 싶었다.

거의 8년 동안 분리 독립 지역은 러시아의 지원을 받는 분리주의자들과 우크라이나군 사이의 저강도 전쟁의 현장이었으며, 이로 인해 1만 4천 명 이상이 사망했다.

2014년 러시아가 크림반도(우크라이나 영토였음)를 합병한 것도 무슨 일이 벌어질지 일깨워주는 사례다.

2014년 2월 말 새벽 4시 20분경, 완전 무장을 하고 자동화기를 갖춘 120명이 의회와 크림자치공화국 각료 회의 건물을 점령했다. 그들은 군인처럼 보였지만 군복에는 아무런 휘장이 없었다.

그들은 수도의 거리에 나타난 소위 '리틀 그린맨' 중 첫 번째 사람들이었다. 러시아 국기가 게양되고 크림자치공화국 각료 회의 문 앞에 바리케이드가 세워졌다. 특수부대가 작전을 하는 것처럼 보였다. 나중에 이 사건은 '모스크바 상륙'이라고 불렸다. 같은 사람들이 두 달 후에 돈바스에 나타났다.

그런 배경을 고려할 때 푸틴 대통령은 어떤 이득을 취하지 않고는 철수하지 않을 것이 분명하다. 이번에는 우크라이나 나머지 지역이라는 더 큰 상을 노리는 것처럼 보인다.

그러나 이번에는 그의 병사들이 이웃에게 가한 참상이 너무도 가혹하여 일단 진실이 밝혀지면 러시아 국민이 어떻게 해서든 푸틴을 몰아냄으로써 해답을 찾을 수도 있다. 그것은 러시아 내부로부터의 민중 봉기 혹은 다른 동기가 필요하다.

푸틴을 체포하기 위해 러시아 출신 사업가가 현상금 100만 달러를 제시했다. 이 돈을 누군가가 가져갈 가능성은 희박하다. 이 제안은 1992년 러시아를 떠난 알렉스 코나니힌Alex Konanykhin에 의해 이루어졌으며, 7년 후 그는 러시아에서 미국으로 정치적 망명을 허가받은 최초의 러시아 시민이 되었다.

3차 세계대전은 누구도 원치 않는 방안이다. 러시아조차도.

7장

젤렌스키: 소년, 사나이, 남편, 배우, 대통령

ZELENSKY

나는 평생 우크라이나인들에게 웃음을 주기 위해 모든 것을 다해 왔다. 그것이 나의 사명이었다. 이제 나는 우크라이나인들이 최소한 울지 않도록 모든 것을 다할 것이다.

―대통령 취임사에서(2019)

─────── 비록 진실에서 멀어진 러시아 대중이 우크라이나가 파시스트 집단에게 지배당하고 있다는 반복된 거짓 주장을 믿는다고 하더라도 우크라이나 침공(비록 푸틴은 그것을 '특수 군사작전'이라고 지칭할 뿐 '침공'이라는 말을 사용한 적이 없지만)은 우크라이나를 탈나치화하기 위한 것이라는 블라디미르 푸틴의 주장은 말이 되지 않았다.

푸틴은 가까운 이웃이 서방의 지원을 받는 나토의 문턱에 들어서는 것을 원하지 않았다는 견해가 더 신빙성이 있었다. 젤렌스키 대통령은 러시아와 그 동맹국들이 아닌 유럽과의 동맹을 선호했고, 그래서 나토 가입을 신청했다.

우크라이나 일부 지역은 러시아 영토이며 러시아의 일부여야 한다는 푸틴의 생각도 일조했다.

푸틴의 나치주의 주장은 수백만 유대인이 죽임을 당한 2차 세계대전에서 나치의 침략을 진압한 소련의 역할을 러시아인들에게 상기시켰고 공감을 불러일으키는 듯 보였다. 이는 남아프리카 공화국 주재 러시아 대사관을 포함한 해외의 러시아 공관에서도 반복됐다.

남아프리카 공화국은 러시아의 우크라이나 철수를 촉구하는 유엔 총회 결의안 표결에서 기권한 아프리카 17개국 중 하나였다.

프리토리아 주재 러시아 대사관은 트위터를 통해서 그들이 "남아프리카의 개인, 단체 들로부터 많은 연대의 편지를 받았다. (……) 우리는 여러분의 지지에 감사하며 80년 전처럼 러시아가 우크라이나에서 나치주의와 싸우는 오늘, 우리와 한 편이 되기로 결정한 것을 기쁘게 생각한다"라고 주장했다.

이는 2022년 2월 24일 특별 군사작전을 발표하면서 푸틴이 주장한 내용을 반영한 것이다.

푸틴은 자신의 목표가 돈바스에서 러시아어를 말하는 사람들을 "왕따와 대량학살로부터" 보호하기 위해(크렘린이 오랫동안 키이우 지도부를 비민주화하기 위해 퍼뜨려온 이야기) 우크라이나를 "군사화하고 비민주화하는 것"이라고 주장했다.

올라프 숄츠 독일 총리는 우크라이나 동부 돈바스(도네츠크주와 루간스크주를 아울러 부르는 지명) 지역에서 러시아계 주민을 대량학살했다는 푸틴의 주장은 터무니없다고 비난했다.

대부분의 국가처럼 우크라이나에도 극단주의자들이 있고, 그들 중에는 신나치주의자도 포함될 것이다. 하지만 볼로디미르 젤렌스키 대통령이 나치 동조자이거나 그들에 의해 조종될 수 있을까? 젤렌스키의 삶을 들여다보면 그것이 불가능하다는 것을 알 수 있다.

볼로디미르 젤렌스키는 누구인가

볼로디미르 올렉산드로비치 젤렌스키는 1978년 1월 25일 당시 소비에트 사회주의 공화국 연방에 속하는 남부 우크라이나의 산업 중심지였던 크리비리흐에서 유대인 부모 밑에서 태어났다.

아버지 올렉산드르 젤렌스키는 크리비리흐 경제기술대학의 사이버네틱스 및 컴퓨팅 하드웨어 학과장이었고, 어머니 림마 젤렌스카는 엔지니어였다. 그의 조부 세몬 이바노비치 젤렌스키는 2차 세계대전 중 붉은 군대에서 복무했다. 세몬의 아버지와 다른 형제들은 홀로코스트에서 살해되었다.

볼로디미르가 어렸을 때, 그의 가족은 4년 동안 몽골의 에르데네로 이주했다가 크리비리흐로 돌아왔고 젤렌스키는 그곳에서 학교를 다녔다.

우크라이나의 드니프로페트로우스크^{Dnepropetrovsk} 지역의 많은 사람이 그랬듯이 그는 러시아 원어민으로 자랐지만 우크라이나어도 유창하게 구사했고 16세의 나이에 토플^{TOEFL} 시험에서도 높은 점수를 받았다. 그는 이스라엘에서 공부할 수 있는 장학금을 받았지만, 아버지는 그를 보내려고 하지 않았다.

1995년 그는 키이우 국립경제대학의 크리비리흐 경제연구소에서 공부를 시작했다. 그는 법학과를 졸업해 관련 분야에서 계속 일할 것처럼 보였다.

하지만 1977년 연극에 매력을 느껴 공연자들의 모임을 결성했다. 그 모임은 크바르탈95(크리비리흐 중심가 95구역이란 뜻으로 그가 어린 시절을 보냈던 지역 이름이다)로 알려졌으며, 독립국가연합(CIS)에서 방영되는 즉흥 코미디 대회인 KVN(재미있고 창의적인 사람들의 클럽)의 텔레비전 결승전에 출연했다.

젤렌스키와 크바르탈95는 KVN에 고정 출연을 하게 됐고, 2003년 그는 우크라이나에서 가장 성공적인 엔터테인먼트 제자사 중 하나가 된 크바르탈95 스튜디오를 공동 설립했다.

2003년 9월에는 올레나 키아시코와 결혼했다. 두 사람은 그녀가 건축과 창작 글쓰기를 공부했던 대학에서 만났다.

딸 올렉산드라는 2004년 7월에 태어났다. 그녀 또한 연기에 관심이 많아 2014년 영화 〈8 New Dates〉에 출연해 주인공의 딸 사샤 역을 맡았다.

2016년 올렉산드라는 〈코미디 코미디의 아이들The Comedy Comedy's Kids〉이라는 쇼에서 5만 흐리우냐(약 1,600달러)를 상금으로 받았다.

2006년 젤렌스키는 러시아판 〈댄싱 위드 더 스타Dancing with the Stars〉 방송에 출연해서 우승했다. 그는 또한 애니메이션 영화 〈패딩턴〉의 우크라이나판 개봉작에서 패딩턴 베어(영국 작가 마이클 본드의 아동 문학 작품에 등장하는 가상의 곰 캐릭터)의 목소리를 맡기도 했다.

젤렌스키 부부의 둘째 아이인 키릴로는 2013년 1월에 태어났다.

젤렌스키는 2011년까지 크바르탈95의 예술 감독이었으며, 우크라이나 TV 채널 인터Inter TV의 총괄 프로듀서로 일했다. 2012년 인터 TV를 떠난 그해 10월 그와 크바르탈95는 우크라이나 텔레비전 채널1+1과 공동 제작 계약을 맺었다. 그 네트워크 소유자는 우크라이나에서 가장 부유한 사람인 이호르 콜로모이스키였다.

젤렌스키가 정계 진출을 선언했을 때 사람들은 그와 콜로모이스키의 관계를 의심했다. 그들은 젤렌스키가 부자들의 꼭두각시일지도 모른다고 생각했다.

텔레비전뿐만 아니라, 젤렌스키는 역사물 코미디 영화인 〈레제브스키 대 나폴레옹〉(2012)과 로맨틱 코미디 영화 〈8 First Dates〉(2012), 〈8 New Dates〉(2015)에 출연했다.

2013년 젤렌스키는 크바르탈95 예술 감독으로 복귀했다. 하지만 당시 우크라이나 정치는 격변을 겪고 있었다. 2014년 2월 빅토르 야누코비치 대통령 정부는 수개월간의 대규모 시위 끝에 무너졌고 5월에 억만장자 페트로 포로셴코가 대통령에 선출되었다. 러시아가 우크라이나를 향해 처음으로 본격적인 움직임을 보인 것이 이 혼란의 시기였다.

우크라이나 동부에서 러시아의 지원을 받는 폭동이 격렬해지고 부패한 정부는 대중의 신뢰를 받지 못하는 가운데 포로셴코는 가장 직접적인 개혁조차 제대로 시행할 수 없었다.

이런 사건들에 영향을 받은 젤렌스키는 2015년 10월, 채널1+1에서 〈국민의 일꾼〉이라는 정치 풍자 드라마를 시작했다. 그의 아내 올레나는 그 드라마의 작가였다. 젤렌스키는 고등학교 역사 교사 바실 골로보로드코 역을 맡았는데, 그가 공직자들의 부패에 반대하는 열정적이고도 불경스러운 연설을 하는 것을 한 학생이 촬영해 인터넷에 올리면서 단숨에 스타가 된다. 2015년부터 2019년까지 나눠 시즌 3편이 제작됐는데, 방송 당시 우크라이나 국민의 절반이 시청할 정도로 뜨거운 사랑을 받았다. 이 드라마에서 골로보로드코가 우크라이나 대통령이 된다는 다소 비현실적인 전개는 나중에 셀렌스키의 정치 입문을 위한 청사진으로 여겨졌다. 2018년 크바르탈95는 '국민의 일꾼'이라는 드라마 이름과 똑같은 우크라이나 정당을 공식 창당했다.

2019년 대통령 선거에서는 30명 넘는 후보가 나왔다. 젤렌스키도 그들 중 하나였다. 2019년 3월 31일 젤렌스키는 대통령 선거 1차 투표에서 30% 이상의 득표율을 기록했다. 현직 대통령인 포로셴코는 16%를 얻는 데 그쳤다.

젤렌스키는 2차 투표가 시작되기 이틀 전까지 포로셴코와 토론하지 않았다. 2019년 4월 19일, 수만 명의 사람들이 두 사람의 토론을 보기 위해 키이우의 올림픽 경기장에 모여든 가운데, 포로셴코는 젤렌스키를 푸틴 러시아 대통령에 맞설 용기조차 없는 정치 초보자로 묘사하려 했지만, 그는 유권자들의 마음을 움직일 수 없었다. 다음 날 두 번째 토론은 진행되지 않았다.

4월 21일, 젤렌스키는 73%의 압도적 득표율로 대통령에 당선되었다. 그는 2019년 5월 20일 취임했다. 예술이 삶을 모방한 것이 아니라 삶이 예술을 모방한 순간이었다.

수년 전 그는 우크라이나에서 가장 인기 있는 TV 코미디언으로 풍자적인 TV 쇼에 출연하여 다른 단원들과 함께 5분간 성기로 피아노를 치는 공연을 했다(일부 화면은 흐리게 처리되었다.)

그때 공연 동영상은 유튜브에서 입소문을 탔고, 영국의 채널 4를 포함한 여러 TV 방송사에서 뒤늦게 방영한 〈국민의 일꾼〉 에피소드도 인기를 끌었다.

44세의 볼로디미르 젤렌스키는 러시아 침략자들이 호시탐탐 눈여겨보는 나라의 대통령이 되었다.

2019년 우크라이나 선거

인구: 4,390만 명

1인당 GDP: 8,800달러

GDP 성장률: 2.5%

우크라이나 민족: 78%(추정)

러시아 민족: 17%(추정)

실업률: 9.2%(추정)

2019년 투표율: 62.09%

득표율: 젤렌스키 73.22%, 포로셴코 24.45%

(출처: BBC 및 CIA World Factbook에서 작성)

우크라이나 정당들의 주요 움직임은 2가지로 나뉜다. 우선 친서방, 친유럽, 반러시아 성향을 보이는 정당들로, 젤렌스키의 '국민의 일꾼'을 필두로 유럽연대European Solidarity, 골로스(목소리), 급진당Radical Party, 힘과 명예당Strength and Honor 그리고 우크라이나 민주동맹(UDAR) 등이 여기에 속한다.

UDAR의 지도자인 우크라이나의 은퇴한 프로 헤비급 권투 선수 비탈리 클리치코는 아마도 서양에서 가장 친숙한 인물일 것이다. 종종 TV 뉴스 보도에도 등장한다.

이들 정당에 대치하는 친러시아 정당으로는 '삶을 위하여(For Life)' 당과 같은 대여섯 당들이 있다.

이들 정당들을 움직이는 가장 큰 힘은 이데올로기가 아니었다. 그들은 다양한 이데올로기를 지니고 있었다.

의회의 450석 중 254석을 '국민의 일꾼' 정당이 차지하고 있으며, 친서방 유럽연대가 25석을, 역시 친서방 바트키브쉬냐(조국) 정당이 26석을 차지하고 있다. 친러 성향의 야당은 43석을 가지고 있다.

많은 후보가 대선에 출마했지만, 2019년 대선은 코미디언과 재벌, 젤렌스키와 포로셴코의 대결로 압축되었다. 포로셴코는 러시아의 침략에 저항하겠다고 약속했다. 그는 이번 선거가 친러 정권이 축출된 후 2014년에 치러진 선거 못지않게 중요하다고 말했다. 그러나 선거 후 러시아 세력에 맞서게 된 인물은 젤렌스키였다.

젤렌스키는 최종 투표에 앞서 실시된 여론조사에서 승리할 가능성이 가장 높았다. 그는 3주 전 39명의 후보가 선거에 출마했던 1차에서 압도적인 득표를 거두었다.

주로 제과와 TV 사업을 통해 재산을 모은 억만장자 포로셴코는 2014년 폭동으로 친러 정권이 전복되면서 대통령에 당선됐다.

투표가 시작되기 전에, 법적인 논란이 있었다. 볼로디미르 젤렌스키의 지지자들이 대통령 토론에 무료로 참여할 수 있는 티켓을 유권자들에게 배부한 것은 뇌물 제공에 해당하므로 젤렌스키의 후보 자격을 박탈할 것을 법원에 요구한 사람이 있었다. 그러나 그 사람의 이의 신청은 기각당했다.

젤렌스키는 유권자들과 소통하기 위해 주로 소셜 미디어를 이용했다. 공식 집회나 정치 연설은 피하고 소셜 미디어(SNS)를 통해 홍

겨운 동영상을 많이 내보냈다.

그는 (연기에서 말고는) 정치 경험이 없었고, 그의 선거운동은 구체적인 정책 아이디어보다는 다른 사람들과의 차이점에 초점을 맞췄다. "약속이 없으면 실망도 없다"는 것이 그의 발언 중 하나였다.

포로셴코는 튼튼한 네트워크와 전국에 걸친 행정 인력의 지원을 받고 있었다.

그러나 젤렌스키는 포로셴코의 거의 2배인 30% 이상의 득표율로 1차 투표에서 승리했다.

투표 전 여론조사에 따르면 우크라이나 국민들은 부패하고 부유한 올리가르히의 손아귀에 있는 정치인들에게 불만이 큰 것으로 나타났다.

유권자들은 지난 5년간 통치를 해왔던 포로셴코를 고수할지 아니면 부패를 척결하고 과두 정치인들을 몰아냄으로써 우크라이나 정치를 쇄신하는 것 외에는 이렇다 할 정책이 없었던 젤렌스키와 함께 미지의 미래로 도약할지를 선택해야 했다.

하지만 사람들은 젤렌스키의 공약에 의심의 눈길을 보내기도 했는데 그가 아마도 우크라이나에서 가장 논란이 많은 과두 정치인인 억만장자 이호르 콜로모아스키의 지지를 받았기 때문이었다.

젤렌스키의 모든 TV 쇼는 콜로모아스키가 소유한 우크라이나에서 가장 인기 있는 TV 채널1+1에서 방영되었다. 선거 당시 콜로모이스키는 우크라이나에서 사업상 거래에 대한 조사가 진행되는 동안 이스라엘로 망명해 있었다.

대통령

볼로디미르 젤렌스키는 2019년 5월 20일 우크라이나의 6대 대통령으로 취임했다. 취임 연설에서, 새 대통령은 당시 여섯 살이었던 아들이 "젤렌스키가 대통령"이라는 발표가 자신도 대통령이라는 뜻이냐고 물었다고 말했다. 처음에는 어린애의 농담이라고 치부했지만, 젤렌스키는 나중에 그것이 진실이라고 이해하게 되었다고 말했다.

"왜냐하면 이제 우리 모두가 대통령이기 때문입니다"라고 그는 말했다.

"이것은 나만이 아닌 모두의 승리이며, 우리가 함께 책임지는 공동의 기회입니다. 그리고 이제 선서를 한 사람은 나뿐만이 아닙니다. 우리는 각자 헌법에 손을 올리고 우크라이나에 충성을 맹세했습니다.

'대통령이 탈세했다', '대통령이 빨간불에서도 멈추지 않고 음주운전을 했다', '대통령이 약간의 절도를 했다'라는 신문의 헤드라인을 상상해보십시오. 모두가 그런 일들을 할 수 있습니다. 여러분은 모두 그것들이 부끄러운 일이라는 데 동의하시겠죠. 그리고 그게 바로 우리 모두가 대통령이라는 제 말의 의미입니다.

오늘부터 우리는 모두 아이들에게 넘겨줄 우크라이나에 대한 책임을 지고 있습니다. 우리는 각자의 위치에서 우크라이나의 발전을 위해 무언가를 할 수 있습니다. 유럽 국가가 되기 위해 모든 사람이 함께 시작해야 합니다. 네, 우리는 (정치적) 방향을 유럽으로 선택했지만, 유럽은 어디 다른 곳이 아니라 여기에(그의 머리를 가리키며) 있습니다. 그리고 유럽이 여기에 있다면 그것은 우리나라에 올 것입니다. 그것은 우크라이나에 있게 될 것입니다.

이것은 우리의 공통된 꿈이지만, 우리는 고통도 공유합니다. 우리는 모두 돈바스에서 죽임을 당했습니다. 매일 우리 중 누군가는 목숨을 잃고 추방을 당합니다. 누군가는 집을 잃지만 다른 누군가는 문을 열어 그들을 받아들이며 고통을 나눕니다. 우리 모두는 이주노동자입니다. 고국에서는 자리를 잡지 못하고 외국에서 생계를 유지하는 사람들. 가난과 싸우느라 존엄성을 잃어야 했던 사람들. 하지만 우리는 이 모든 것을 극복할 것입니다. 우리는 모두 우크라이나인이기 때문입니다.

우리는 모두 우크라이나인입니다. 남보다 더 우크라이나인이거나 덜 우크라이나인이라는 것은 없습니다. 제대로 된 우크라이나인이나 그렇지 못한 우크라이나인도 없습니다. 우리는 모두 우크라이나인입니다. 우즈호로드에서 루간스크, 체르니히우에서 심페로폴,

리비우, 히르키우, 도네츠크, 드니프로, 오데사까지 우리는 모두 우크라이나인입니다."

며칠 지나지 않아, 전쟁에 짓밟힌 우크라이나 동부 분리주의자들 지역에서 푸틴 러시아 대통령이 우크라이나 시민들에게 러시아 여권을 제공하겠다고 발표하면서 젤렌스키 대통령은 처음으로 어려운 외교 정책을 결정해야만 했다.

러시아의 지원을 받는 돈바스 지역에서의 분쟁은 5년간 지속되었고, 수십만 명의 우크라이나인들이 추방되었다.

젤렌스키는 푸틴의 제안을 비웃으며 페이스북을 통해 "권위주의나 부패 정권에 시달리는" 러시아인과 다른 사람들에게까지 우크라이나 시민권을 확대하겠다고 답했다.

그의 다음 임무는 베르호브나 라다(우크라이나 최고의회)를 해산하는 것이었다. 이는 젤렌스키가 소속된 정당 '국민의 일꾼'이 의회에서 의석을 차지하지 못해 그가 대통령이 되었어도 아무 입법적 권한이 없었기 때문이다.

젤렌스키는 의회 해산과 7월 21일 조기 총선 실시에 관한 대통령령에 서명했다. 그는 그 선거가 "아마 대선보다 더 중요할 것"이라고 말했다.

그 결과 '국민의 일꾼' 정당은 450석 중 254석(2014년 러시아에 합병된 우크라이나 자치공화국 크림반도와 동쪽의 분규 지역을 대표하는 26석은 투표가 치러지지 않았다)이라는 절대다수 의석을 차지했다.

소련이 해체된 후 우크라이나 역사상 단일 정당이 의회에서 절대적 통제권을 얻게 된 것은 그때가 처음이었다.

젤렌스키 대통령과 전 사업 파트너 콜로모이스키와의 관계는 다시 면밀히 조사되었다. 콜로모이스키의 미디어 제국은 대통령 선거운동 기간에 젤렌스키에게 선거운동을 할 수 있는 플랫폼을 제공했지만 젤렌스키는 어떠한 특혜도 없었다고 맹세했다.

콜로모이스키는 취임식 직전에 우크라이나로 돌아왔으며 그 억만장자는 '그레이 추기경'(최고 권력자의 배후에서 정치적 영향력을 행사하는 사람)역할을 하지 않겠다고 확언했다.

여론조사에 따르면 2021년 12월까지는 우크라이나 국민의 31%만이 젤렌스키 대통령을 지지했다. 하지만 러시아 침공이 시작된 지 2주 만인 2022년 3월 지지율은 90% 이상으로 3배 가까이 증가했다. 2019년 12월 여론조사를 앞두고 44세의 정치 경험도 없는 이 사내가 실존적 위기에 처한 나라를 이끌어갈 정치적 지혜가 있는지 사람들은 의심의 눈길을 던졌다.

하지만 2022년 2월 러시아 침공이 시작되기 직전 전직 개그맨이었던 그가 전시 지도자의 진지한 표정으로 "당신들이 우리를 공격할 때, 당신들은 우리의 등이 아니라 얼굴을 보게 될 것이다"라고 말하는 순간 상황은 바뀌었다. 러시아가 우크라이나에서 호락호락

한 지도자가 아닌, 국내외에서 대규모 지지를 받는 지도자와 맞닥 뜨리게 될 첫 징후였다.

《뉴스위크》지가 대통령 직무실의 말을 인용해 보도한 바에 따르면, 그는 러시아 침공 첫 2주 동안 약 열두 번의 암살 시도에서 살아남았다.

대통령 실장인 포돌랴크Mykhailo Podolyak는 젤렌스키의 목숨을 노리는 세 번의 시도가 있었다는 국제 보도는 잘못된 것이라고 말했다. 그는 다음과 같이 말했다. "우리의 해외 파트너들은 두세 번의 암살 시도가 있었다고 이야기한다. 나는 그런 시도가 십여 차례 넘게 있었다고 생각한다."

젤렌스키 대통령은 자신이 기원전 480년 테르모필레 전투Battle of Thermopylae에서 페르시아를 격퇴한 스파르타의 레오니다스 왕과 비슷하다는 일부 논설위원들의 주장을 일축했다.

"나는 우크라이나의 역사가 300명의 스파르타인에 관한 전설이 되는 것을 원하지 않는다. 나는 평화를 원한다"라고 선언하면서 스파르타인들이 그랬던 것처럼 큰 전쟁에서 이기기 위해 작은 싸움에서 지는 일은 하고 싶지 않다고 덧붙였다. "우리는 우리 땅에 있다. 우리는 어떤 일이든 할 준비가 되어 있다."

영부인

보도에 따르면 올레나는 남편이 처음 현실 정치에 관심을 표명했을 때 '적극적으로 반대'했다고 한다. 그녀는 자신이 회의적이었음을 인정했다.

"남편이 정치에 진출하겠다고 말했을 때, 저는 제 자신과 가족 생활에 작은 변화를 가져올 준비가 되어 있었어요. 분위기에 찬물을 끼얹을 수도, 남편을 돕지 않고 방해할 수도 있었지만 그건 건설적인 방향은 아니죠. 나는 흥분하지 않고 차분하려고 노력해요. 아직까지는 그렇게 할 수 있는 것 같아요." 그녀는 한 언론과의 인터뷰에서 말했다.

그녀는 자신에게는 남편을 돕는 것이 주된 일이라고 설명했다. "지금까지는 의식적으로 그것을 생각하지 않으려고 노력해왔어요. 어려운 역할인 건 알지만…… 일반적으로 영부인은 주역을 맡을 필요는 없어요. 우리 두 사람은 가족 내에서 일어나는 일을 반복해야 합니다. 우리는 리더가 있고 나는 그를 도우려고 합니다. 누군가가 책임을 지려 할 때 저는 따라가기만 하면 되니까 너무 감사한 일이죠. 저는 제가 관심의 대상이 되지 않으려고 노력합니다."

잡지 《보그 우크라이나》와의 인터뷰에서 그녀는 말했다. "나는 공인이 아니에요. 하지만 영부인이라는 새로운 현실에서 그에 따르는 규칙이 필요하니까 저는 그 규칙을 따르려고 노력합니다.”

올레나는 소셜 미디어를 통해 남편의 출마 사실을 처음 알게 되었다. “왜 나에게 말하지 않았어요?”라고 묻자 그는 “깜빡했다”라고 대답했다고 한다. 올레나는 남편이 선거운동을 하는 동안 그와 함께했다.

남편이 대통령에 당선됨에 따라 올레나는 우크라이나에서 가장 영향력 있는 인물 중 한 명이 되었고, 2019년 12월에는 성 평등에 관한 G7 국제 이니셔티브인 '비아리츠 파트너십Biarritz Partnership'에 우크라이나의 가입을 제안했다.

그녀는 《보그 우크라이나》와의 인터뷰에서 “삶은 변하지 않았지만 상황은 달라졌어요. 나는 혼자만의 시간이 충분하지 않습니다. 아이가 둘이라 혼자 있을 때가 거의 없어요. 아마도 나 혼자만 있는 유일한 사적인 공간은 운전할 때였어요. 그들은 나에게서 이마저도 없애버렸죠. 나는 항상 보호를 받고 있습니다. 이제 화장실이 유일한 도피처예요. 운 좋게도 제 개인적인 공간에 함께 있는 사람들이 참 좋은 분들이에요. 그들은 제가 침묵이 필요할 때는 침묵을 지켜주고, 필요하다고 느낄 때는 대화를 해주죠.”

올레나 젤렌스카는 차분해지려고 노력한다고 말했지만 러시아의 침공에 대해서는 거리낌 없이 발언하고 있다.

2022년 3월 6일, 그녀는 인스타그램에 러시아의 공격으로 사망한 어린이 5명의 사진을 공유했다.

"저는 세상의 모든 공정한 언론에 호소합니다! 이 끔찍한 사실을 보도해주세요. 러시아 침략자들이 우크라이나의 어린이들을 죽이고 있습니다"라고 썼다.

"러시아 어머니들에게 전해주세요. 그녀들의 아들들이 우크라이나에서 무슨 짓을 하고 있는지 분명히 알려주세요. 이 사진을 러시아 여성들에게 보여주세요. 당신들의 남편, 형제, 동포 들이 우크라이나 어린이들을 죽이고 있습니다! 그녀들에게 알려주세요, 그녀들이 이러한 범죄에 암묵적으로 동의했기 때문에 우크라이나 어린이들의 죽음에 대해 그녀들도 개인적으로 책임이 있다는 사실을."

그녀는 여러 언어로 아이들의 사진을 보여주며 다양한 게시물을 공유했다. 그녀가 게시한 내용이다.

"러시아 점령자들이 우크라이나 어린이들을 죽이고 있다. 의식적이고 냉소적으로."

"우크라이나 남부 도시 마리우폴에서 태어난 18개월 된 키릴은 부모에 의해 급히 병원으로 옮겨졌습니다. 그는 포격으로 부상을 입었고 의사들은 아무것도 할 수 없었습니다."

"옥티르카의 앨리스. 그녀는 여덟 살을 맞을 수도 있었습니다. 그러나 자신을 보호하던 할아버지와 함께 포격으로 사망했습니다."

"키이우의 폴리나. 그녀는 우리 수도의 거리가 포격을 받는 동안

젤렌스키

부모, 남동생과 함께 죽었습니다. 여동생은 위독한 상태입니다."

"열네 살 아세니. 발사체의 파편이 그의 머리에 맞았습니다. 의료진은 포화 때문에 그 소년에게 다가갈 수 없었습니다. 아세니는 과다 출혈로 죽었습니다."

"소피아는 여섯 살이에요. 그녀는 생후 4개월 반 된 오빠, 엄마, 할머니, 할아버지와 함께 차에서 총에 맞아 사망했습니다. 그 가족은 노바 카호브카를 떠나려던 참이었어요."

"이것만은 꼭 말해야겠어요. 우크라이나에서는 이미 최소 38명의 어린이가 사망했습니다. 그리고 이 수치는 평화로운 다른 도시들도 포격당하면서 지금 이순간에도 증가하고 있을지 모릅니다!"

"러시아 사람들이 그들의 군대가 시민들을 해치지 않는다고 말할 때, 그들에게 이 사진들을 보여주세요! 성장할 기회조차 주어지지 않은 아이들의 얼굴을 보여주세요. 러시아군이 사격을 중단하고 인도주의적 피난로를 허용하도록 설득하려면 얼마나 더 많은 아이들이 죽어야 하나요?"

"우크라이나에서 가장 치열한 전투가 벌어지는 도시들에 지금 당장 피난로가 필요해요! 수백 명의 아이들이 음식 부족과 치료를 받지 못한 채 지하실에서 죽고 있습니다. 러시아 군인들은 건물을 떠나려는 가족들에게 총격을 가합니다. 그들은 또한 도움을 주려는 자원봉사자들마저 죽이고 있습니다."

젤렌스키: 소년, 사나이, 남편, 배우, 대통령

"저는 이 세상의 모든 편견 없는 언론에 호소합니다! 나토 회원국들에 부탁합니다. 우크라이나 영공을 비행금지구역으로 만들어주세요! 우리 아이들을 구해주세요. 내일 그것이 당신의 아이들을 구할 것입니다! #NoFlyZoneUA #closeUAskyNOW #NATOclosethesky #stoprussia."

올레나 젤렌스카는 전 세계의 다른 영부인들과 접촉해왔다. 또 다른 포스트다. "요즘 전 세계 영부인들이 우크라이나를 어떻게 도울 수 있는지 묻고 있습니다. 제 대답은 세상에 진실을 말해달라는 것입니다. 목소리를 높여주세요! 우크라이나에서 벌어지는 일은 푸틴이 말하는 '특별 군사작전'이 아니라 침략자 러시아 연방이 벌인 전면전입니다."

8장

드라마 〈국민의 일꾼〉이 현실로

Z E L E N S K Y

재미있는 게 뭔지 알아? 이번에도 아무것도 변하지 않을 거야! 왠지 알아? 너랑 우리 아버지, 그리고 내가 다시…… 개자식을 선택할 거니까! 왜냐하면…….

"그래, 그는 나쁜 놈이야. 하지만 다른 놈들보다 낫지!"

—〈국민의 일꾼〉 드라마 주인공의 대사에서

───── 우크라이나 정치에 관한 TV 풍자 드라마 시리즈인 〈국민의 일꾼〉에서 맡았던 그의 역할이 코미디언 젤렌스키를 일약 정치인으로 탄생하게 했다. 그러나 대통령이 되기 전인 2017년 8월 22일 《시네마 이스캐피스트Cinema Escapist》의 앤서니 카오Anthony Kao와의 인터뷰에서 정치인 젤렌스키가 실제로 어떻게 탄생했는지를 많은 부분 드러낸다.

Q 제가 읽은 바로는 아주 흥미로운 인생을 사셨더군요. 어린 시절의 일부를 몽골에서 보냈고, 외교관이 되고 싶다는 포부를 가지고 있었지만 우크라이나 최고의 대학에서 법학을 공부하기로 결정했습니다. 그리고 지금은 우크라이나에서 가장 인기 있는 배우가 되었고요?

A 모든 것이 다소 즉흥적이었어요. 내일 내가 어디에 있을지 몰

랐어요. 학교를 다니기 시작했는데 부모님이 몽골로 일하러 가신다니 당연히 같이 가야죠. 열여덟 살이 되어 외교관이 되기 위해 국제관계학을 공부하고 싶었지만, 학비도 많이 들고 공부도 어렵다더군요. 그다음엔 수도(소련, 모스크바)로 이사를 해야 했습니다.

그래서 대신 로스쿨에 진학했는데, 거기서 지역 연극 동아리에 참여했고 대학 KVN(러시아어 인기 코미디 프랜차이즈) 팀과 활동하기 시작합니다. 나중에 수준이 많이 올라가 TV에서 공식 KVN 코미디 쇼를 하게 되었어요(러시아판 'Saturday Night Live'를 떠올려보라).

이때 저는 점차 나의 꿈 중 일부와 작별을 고해야 했습니다. 때때로 우리는 자신이 상황을 완전히 통제한다고 생각하지만, 실제로는 어떤 면에서는 끌려가는 것 같습니다. 마치 운명이 내가 의도하지 않은 방식으로 해야 할 일들로 나를 몰아가는 것처럼 말이죠.

Q 크바르탈95(젤렌스키가 이끄는 제작 스튜디오)에서 당신과 다른 사람들은 어떻게 〈국민의 일꾼〉이라는 아이디어를 처음 생각해냈나요?

A 2000년대 초에 처음 그 아이디어를 생각해냈습니다. 당시 우크라이나의 정치 상황은 그리 험하지 않았어요. 사람들은 정치에 별로 관심이 없었지만 우리는 평범한 사람이 국가원수가 되는 것을 상상하고 그 아이디어를 생각해냈죠.

그러나 처음의 생각은 (오늘날의 〈국민의 일꾼〉과는) 조금 달랐어요. 처음에는 평범한 사람들이 후보자로 나오고 다른 사람들이 투표하는 리얼리티 TV 쇼를 생각했어요. 언젠가는 원래의 아이디어로 돌아갈지도 모르지만, 전통적인 시리즈 형식이 더 인기가 있었기 때문에 그쪽을 택했죠.

Q 왜 〈국민의 일꾼〉이 우크라이나 사람들 사이에서 큰 인기를 끌었다고 생각합니까?

A 음, 우선, 보편적인 욕구에 호소했기 때문이죠. 모든 평범한 사람은 더 나은 삶을 살고자 합니다. 물고기는 머리에서 아래로 썩는다는 속담이 있어요. 모든 사람은 훌륭한 사람들이 정상에 있기를 원합니다. 그렇게 하면 일상생활이 더 정상적일 수 있고, 매일매일 생존을 걱정할 필요가 없어집니다. 그러면 좀 더 글로벌한 다른 문제들, 예를 들어 환경 문제 같은 다른 문제들도 생각할 수 있어요.

게다가 우리의 부패 문제는 소련 시대에서 비롯되었고, 오늘날 권력을 가진 사람들은 대부분 그 세대예요. 긍정적인 변화를 원하는 우크라이나 사람들은 우리 쇼의 등장인물(구질서로부터의 변화를 대변하는 사람들)에서 그들 자신의 모습을 볼 수 있습니다. 우리 TV 시리즈에서 교사가 대통령이 될 수 있다면 훌륭한 외과의가 언젠가 보건 장관이 되거나 뛰어난 IT 전문가가 정보보호 부장이 될 수도 있을 겁니다. 물론, 현실 세계에서는 그리 간단하지 않을 수도 있지만, 〈국민의 일꾼〉에서도 그리 만만하지 않은 생각이죠.

또 다른 이유로, 우크라이나 TV에서 저희 쇼의 장르는 매우 다면적이고 매우 새로운 것입니다. 그것은 단순한 코미디가 아니라 풍자와 드라마가 섞인 정치 코미니예요. 궁극석으로 매우 최신이고 사람들이 현재 느끼는 감정을 반영합니다. 그래서 인기가 있는 것 같아요.

Q 〈국민의 일꾼〉의 성공은 당신의 개인적 삶에 어떤 영향을 미쳤나요? 요즘 '국민의 대통령people's president'과 셀카를 찍고 싶어 하는 사람이 많은가요?

A 네, 사람들은 종종 저와 함께 셀카를 찍고 싶어 하지만, 꼭 저

자신을 원하는 것은 아닐 거예요. 종종 그들은 화면에서 보는 캐릭터(골로보로드코 대통령)와 셀카를 찍으려고 하죠.

또한 크바르탈95와 저는 일반인들에게 골로보로드코 대통령 같은 사람이 현재의 현실에서 우크라이나를 이끌기를 원한다는 것을 보여주는 메시지를 더 많이 받기 시작했어요.

Q TV에서 우크라이나 대통령을 연기하고 이 프로그램을 만든 것이 당신의 정치에 관한 생각에 영향을 미쳤나요?

A 이 프로젝트를 진행하면서 정치적 주제를 더 깊이 연구해야 했던 것은 분명합니다. 이것은 한 분야에 대한 전문지식이 없는 시나리오 작가, 프로듀서, 배우들에게는 매우 흔한 일이죠. 우리가 그것에 몰입하면 할수록 정치에 관해 배우는 것이 더 많아집니다. 그것이 좋은지 나쁜지는 알 수 없지만.

저는 어떤 것들이 악몽처럼 보이기 시작했고, 그것이 왜 그래야만 하는지 점점 더 궁금해졌어요.

Q 우크라이나 올리가르히(《국민의 일꾼》에서 풍자의 대상이기도 했던)들이나 페트로 포로셴코 대통령 본인으로부터 이 쇼에 대한 어떤 반응 같은 것은 없었나요?

A 직접적인 반응을 들은 적은 없지만, 사람들이 대체로 이 쇼를 좋아한다는 것은 알고 있습니다.

비록 그 시리즈가 오늘날의 삶을 반영하는 것이지만, 어쨌든 가상의 현실이었죠. 포로셴코는 전직 교사도 아니었고 쇼에 나오는 올리가르히들은 일반화된 인물이었기 때문에 포로셴코와 올리가르히들이 쇼에 나오는 사건을 자신에게 투영할 수 없었을 거라고 생각합니다.

궁극적으로 〈국민의 일꾼〉의 이야기는 매우 이례적이었죠. 우리는 사람들에게 훈계하려고 한 것은 아니지만, 그래도 사람들은 거기서 그들 자신의 추론을 이끌어낼 수 있었던 것 같아요.

Q 우크라이나의 미디어 환경은 2014년 '유로마이단 혁명'(우크라이나의 유럽연합 가입과 서방과의 경제협력 확대를 요구하는 시민 혁명-옮긴이) 이후 변화가 있었나요? 2014년 전에도 당신은 〈국민의 일꾼〉을 만들 수 있었을 것 같습니까?

A 네, 그럴 수도 있었을 것 같아요. 우크라이나의 미디어 환경은 1차 마이단인 2004년 오렌지 혁명 무렵부터 변화하기 시작했다고 생각합니다. 그 무렵 우리의 주요 코미디 쇼인 〈베체르니 크바르탈〉에 정치 유머가 등장했죠.

Q 우크라이나의 현재 정치와 사회에서 풍자는 어떤 역할을 한다고 보십니까?

A 풍자는 오랜 역사를 가지고 있어요. 이솝에서 시작해서 셰익스피어에서도 볼 수 있죠. 물론 풍자는 역사적 시대, 시사, 사회경제적 맥락에 따라 달라요. 나는 키이우에서 태어난 불가코프 Bulgakov를 자신이 살던 사회의 현실을 묘사한 위대한 풍자 작가로 꼽습니다.

풍자는 다른 내용으로 채워질 수 있는 형식이라고 생각해요. 정치도 풍자할 수 있고 사랑도 풍자할 수 있죠. 그러나 언어의 우수성, 즉 그것이 얼마나 날카롭고 현대적이며 대담한지가 궁극적으로 좋은 풍자와 평범한 풍자의 차이를 만들죠.

다시 우크라이나로 돌아가자면, 저는 풍자가 2000년대 초부터 크바르탈95의 강점이었다고 생각합니다. 우리는 많은 프로그램에서 풍자를 사용했고 우크라이나 사람들 사이에서 매우 인기가 있었습니다. 아마도 현대의 우크라이나가 많이 어렵고 복잡한 정치, 경제, 사회적 현실을 맞고 있기 때문일 겁니다.

Q 소련이 해체된 후 우리의 유머와 미국과 서구 유머의 차이점 또는 유사점은 무엇입니까?

A 심리적·문화적 배경과 관련해 차이점이 많죠. 나는 소련의 해체 이후 서양이 우리의 유머에 대해 아는 것보다 우리가 서양의 유머에 대해 더 많이 알고 있다고 생각합니다. 서구 세계가 우리에게 오랫동안 닫혀 있었기 때문에 그것의 문이 열리고 그리고 이 모든 새로운 TV 프로그램들이 우리 시장에 쏟아져 들어오자 우리는 게걸스럽게 그것들을 소비했고 새로운 것들에 많이 익숙해졌어요.

하지만 여전히 차이는 존재하죠. 예를 들어, 바나나에 미끄러지거나 케이크를 던지는 식의 유머는 구소련 이후의 환경에서는 그다지 인기가 없어요. 아마도 그런 유머는 사람들이 살아남기 위해 아등바등하지 않는 곳에서 나왔기 때문일 겁니다. 소련 해체 이후에 생겨난 국가들에서는 풍자가 역사적으로 더 유행해왔어요.

언어의 문제도 있습니다. 많은 코미디가 언어적 형태를 기반으로 만들어지고 있어요. 문화적 배경이나 국가적 배경도 중요하죠. 이곳 우크라이나에서는 특히 처가나 이웃 간의 관계에 대한 농담을 좋아합니다.

그럼에도 불구하고, 유머에는 보편성이 존재하죠. 우리는 모두 인간이기 때문에 가족 관계, 사랑, 자녀, 외로움 등 우리 모두가 웃는 공통점도 틀림없이 있을 겁니다. 그리고 비록 〈국민의 일꾼〉이 우크라이나 정치에 기반을 두고 있지만, 여전히 이러한 공통점을 많이 포함하고 있다고 생각합니다.

Q 좀 부담스러운 주제에 관해 이야기해보죠. 러시아 말입니다. 당신과 크바르탈95는 러시아의 게임 쇼 KVN을 통해 처음 유명해졌고, 다른 많은 공연들도 러시아에서 꽤 인기가 있었어요. 동시에 "국민 대통령"이 "푸틴은 죽었다"라고 외치면서 유머러스하게 다른 사람들의 관심을 끌기도 했죠. 아마 푸틴은 썩 유쾌하지 않았을 겁니다. 당신은 러시아 팬을 잃는 것이 걱정입니까, 아니면 이것이 우크라이나를 서구 쪽으로 방향을 틀게 하기 위해 필요한 희생이라고 생각합니까?

A 이상적인 세계에서는 주제적인 연관이 있더라도 예술과 정치를 섞지 않아도 되겠죠. 하지만 현실에서는 유머 자체를 정치와 분리하는 것은 불가능합니다. 유머는 시사, 정치 등을 포함해 한 나라서 일어나는 모든 것을 반영해야 합니다.

따라서 오늘날 우리가 러시아와 복잡한 관계이고 친우크라이나적 성향을 가지고 있다면, 우리는 러시아를 포함해 이 현실의 모든 부분을 다루어야 합니다. 이것은 우리 사회의 태도를 정확하게 반영하는 것이며, 세계의 일반적인 관행이죠. 예를 들어, 지금 미국에서는 트럼프가 대통령입니다. 그것에 대해 어떻게 말하지 않을 수 있겠어요? 미국 코미디 쇼들은 트럼프에 대한 농담을 하고, 러시아에 대한 농담도 해요. 슬프게도 우크라이나에 대해서는 별 농담을 하지 않지만, 그건 우리가 그다지 인기가 없다는 것을 보여주는 거겠죠.

우리의 입장에 대해서 말하자면, 저는 사업을 최우선으로 생각하지 않습니다. 저는 무엇보다도 우리가 우크라이나 시민이고 나라를 돌봐야 한다고 믿어요. 나는 소련 해체 이후의 어떤 국가든 똑똑한 사람들은 이런 욕망을 이해할 수 있다고 생각합니다.

게다가 팬을 잃는 문제는 상호적입니다. 우크라이나 사람들도 러시아에서 만든 쇼를 그만 볼 수 있습니다. 유머는 개인에 대한 모욕이 아닙니다. 우리의 유미를 그들을 향한 공격이라고 생각하는 사람은 소련보다 높은 철의 장막이 머릿속에 있는 게 틀림없습니다!

평론가 리뷰

-앤서니 카오, 《시네마 이스캐피스트》(2017년 6월 6일)

우크라이나가 정치 풍자 하면 가장 먼저 떠오르는 나라가 아닐 수 있다. 동시에 엄청난 부패와 정치 혼란의 장**인 동유럽 국가는 조롱의 여지를 넘치게 제공한다. 넷플릭스에서 전 세계 시청자를 위해 상영되는 최고 정치 코미디인 〈국민의 일꾼〉이 그 증거를 보여준다.

〈국민의 일꾼〉은 부정부패에 찌든 정부를 비판하던 고등학교 역사 교사 바실리 페트로비치 골로보로드코의 동영상이 인터넷에 유포된 후 대중의 스타가 되고, 인기에 힘입어 대선에 출마해 대통령이 되는 (가공의) 이야기를 담고 있다. 정치 초년생인 골로보로드코는 잡다한 그의 친구들을 각료로 영입한다. 그와 그의 유쾌한 개혁가 그룹은 우크라이나의 뿌리 깊은 부패 이익집단과 싸우기 위해 재미있고 창의적인 방법을 사용한다.

2015년에 처음 공개된 〈국민의 일꾼〉은 우크라이나에서 가장 인기 있는 쇼가 되었다. 이 인기의 한 요인은 모든 에피소드를 유튜브에서 자유롭게 볼 수 있다는 사실이다(이 쇼의 파일럿 프로그램은 900만 건 이상의 조회 수를 기록했다). 아쉽게도 23편의 에피소드 중 처음 두 편만 영어 자막이 있다.

처음 이 쇼를 알게 된 것은 우크라이나로 휴가 갈 준비를 하면서 본 유튜브에서였다. 첫 2회를 본 나는 빠져들었고 유튜브의 러시아어를 자동으로 영어 자막으로 옮겨주는 기능을 켜서 더 많은 에피소드를 보았다. 놀랍게도 그 쇼는 여전히 꽤 볼 만했다.

어설픈 기계 번역을 통해서도 〈국민의 일꾼〉을 즐길 수 있었다는 것은 그것의 접근성을 증명한다. 이 쇼는 주로 우크라이나인들을 위해 만들어졌지만 유머는 보편적이다. 골로보로드코 대통령은 누구나 쉽게 다가갈 수 있는 평범한 사람으로 물 밖으로 나온 물고기처럼 좌충우돌하는 것은 모든 문화권에서도 충분히 이해하기 쉽다. 그는 대통령인데도 여전히 부모님과 함께 살고, 입 안에 호두를 문 채 연설 연습을 하고 IMF(국제통화기금) 대표와 파티를 한 후 숙취로 고생하며 일어난다. 하지만 골로보로드코뿐만이 아니다. 그의 가족과 장관들은 그의 성마른 여동생이든 바람둥이 외무부 장관이든 똑같이 웃음을 자아낸다.

우크라이나 정치에 대한 사전 지식이 있다면 쇼를 더 즐겁게 볼 수 있겠지만 꼭 그럴 필요는 없다. 사실 외국인의 입장에서 보면 〈국민의 일꾼〉은 그 나라에 대해 더 많이 알 수 있는 좋은 방법이다. 부패는 (적어도 내 생각에는) 당신이 정부에 대해 배울 수 있는 가장 쉬운 요소 중 하나다. 결국, 탐욕은 보편적이고 때로는 매우 재미있는 형태를 취하니까 말이다.

이 점에서 〈국민의 일꾼〉이 서양의 어떤 코미디보다 훨씬 강력한 이유는 그 웃음의 전제조건이 상당히 현실에 근거하기 때문이다. 예를 들어, 골로보로드코는 타조 조련사까지 있는 지나칠 정도로 호화로운 저택에서 취임식을 준비한다. 이 장면은 실제로 빅토르 야누코비치 전 우크라이나 대통령이 공금으로 지은 타조가 있는 340에이커의 메지히리야 저택에서 촬영되었다. 이런 장면들을 보면 당신은 우크라이나 사람들이 왜 2014년에 야누코비치 정권을 전복시켰는지 더 잘 이해할 수 있고, 쇼에서 골로보로드코처럼 누군가가 자신들의 나라를 개혁할 수 있기를 바라게 된다.

삶은 예술을, 예술은 삶을 모방한다

〈국민의 일꾼〉의 첫 번째 에피소드에서 젤렌스키가 맡은 역사 교사가 분노의 장광설을 내뱉는 장면은 입소문을 타기 시작했고, 그것은 이내 현실에서 젤렌스키를 정치의 길로 들어서게 했다.

> **역사 교사 바실리 페트로비치 골로보로드코(젤렌스키 분):** 정말 지긋지긋해! 난 이게 끝이야! 수학은…… 과학이야! 그리고 역사는…… 제길! 우리는 놀라지. 왜 우리 정치인들은 권력을 잡으면 똑같은 실수를 하는 거지? 왜냐하면 그들은…… 수학자들이기 때문이야. 그들이 아는 것은 자신의 부를 나누고, 더하고, 곱하는 것밖에는 없어!

> **바스야(동료 교사):** 페트로비치, 지금껏 네가 그렇게 말하는 것을 들어본 적이 없어. 왜 그렇게 화난 거야?

드라마 〈국민의 일꾼〉이 현실로

골로보로드코: 난 그런 거에 질렸으니까…… 이제 그들은 아이들을 시켜 오두막을 짓고 있어! 왜 우리가 비참한 삶을 사는지 알아? 오두막에서 선택을 시작하니까! 이해가 가? 우리는 선택할 사람이 없어! 둘 중 하나를 고르는 거지. 개자식들! 25년 내내 이런 식이었다고!

재미있는 게 뭔지 알아? 이번에도 아무것도 변하지 않을 거야! 왜지 알아? 너랑 우리 아버지, 그리고 내가 다시…… 개자식을 선택할 거니까! 왜냐하면…….

"그래, 그는 나쁜 놈이야. 하지만 다른 놈들보다 낫지!"

바스야, 가서 한잔 더 하자! 조금 남겨둔 게 있어. 이 자식들이 권력을 잡으면 훔치고 또 훔치고 또 훔치고 또 훔치고! 이 개자식들은 이름만 다르지 하는 행동은 똑같아. 하지만 아무도 신경 안 써! 나도 신경을 안 쓰고, 너도 신경을 안 쓰고, 아무도 신경을 안 써! 우린 전혀 신경 안 써, 정말 개판이지!

일주일만 내가 그곳에 갈 수 있다면, 그들에게 본때를 보여주겠어! 수행원들, 보너스, 여름 별장을 모두 없애버릴 거야!

나는 모든 평범한 선생님이 대통령처럼 살았으면 좋겠어! 모든 대통령이 교사들처럼 살았으면 좋겠어, 젠장!

역사 선생의 입장에서 말하는 거야. 하지만 사람들은 신경도 안 써! 썩을 놈들!

젤렌스키

9장

핵무기를 주고 안전을 보장받다?

Z E L E N S K Y

흔히들 '처벌받지 않은 악은 돌아온다'고 말합니다. 나는 이렇게 덧붙이고 싶습니다. '처벌받지 않은 악은 날개를 달고 전능함을 느끼며 돌아온다.' 2014년에 세계가 러시아를 처벌했다면 2022년 우크라이나는 침공의 공포를 느끼지 않았을 것입니다. 우리는 지금 이 끔찍한 실수를 바로잡아야 합니다.

—오스트레일리아 의회 연설에서(2022.3.31)

──────── 부다페스트 안전보장각서는 우크라이나의 비핵화 조약으로 1994년 12월 5일 헝가리 부다페스트에서 서명되었다. 이는 우크라이나, 벨라루시, 카자흐스탄 등이 당시 가지고 있던 모든 핵무기를 러시아로 이전하는 대신 미국과 영국이 이들 국가의 영토와 정치적 독립을 보장하는 약속을 담고 있다.

러시아의 우크라이나 침공과 관련해 부다페스트 안전보장각서 (우크라이나의 비핵화 조약) 1, 2조 그리고 6조는 미국과 영국에 우크라이나를 보호하기 위해 군사 행동에 참여할 합법적인 근거, 아니 의무를 분명히 한다. 러시아 연방이 이 협정을 위반했다고 해서 다른 당사자들도 협정을 지켜야 할 필요가 없는 것은 아니다.

이 협정이 왜 바이든 미국 대통령과 보리스 존슨 영국 총리에 의해 발동되지 않았는지는 아무리 생각해도 이상하다. 그뿐만이 아니다. 젤렌스키 대통령도 왜 이를 발동하지 않았던 것일까?

러시아 연방이 우크라이나에서 철수할 것과 확실한 시한을 요구하는 공동성명이 있기 때문에 이들 두 강대국이 이 각서의 조건을 이행하기 위해 요구되는 어떤 군사 행동도 취할 수 있는 법적(도덕적) 정당성이 있었다.

미국과 영국은 부다페스트 각서를 발동하지 않음으로써 협정을 위반했을 뿐만 아니라 러시아 연방의 비망록 파기를 정당화했다는 주장이 제기될 수 있다.

다음은 1994년 12월 5일 체결된 우크라이나의 핵무기 비확산 조약가입과 관련하여 체결된 부다페스트 각서의 본문이다.

미국, 러시아 연방, 영국은 우크라이나를 핵무기 비확산 조약에 비핵보유국으로 가입을 환영하며, 특정 기간에 우크라이나의 모든 핵무기를 제거하겠다는 약속을 고려하면서, 핵전력의 깊은 감축 조건을 가져온 냉전의 종식을 포함한 세계 안보 상황의 변화에 주목하며, 다음을 확인한다.

1. 미합중국, 러시아 연방, 영국은 유럽안보협력회의 최종 결의(CSCE Final Act)의 원칙에 따라 우크라이나의 독립과 주권 및 기존의 국경을 존중하겠다는 그들의 약속을 재확인한다.

[러시아는 이 조항을 위반했다.]

2. 미합중국, 러시아 연방, 영국은 우크라이나의 영토 보전과 정치적 독립에 대한 위협이나 무력 사용을 삼가며, 그들의 무기는 자위 또는 유엔헌장에 따른 경우를 제외하고는 우크라이나에 대해 절대 사용되지 않을 것이라는 그들의 의무를 재확인한다.

[러시아는 이 조항을 위반했다.]

3. 미합중국, 러시아 연방, 영국은 유럽안보협력회의 최종 결의의 원칙에 따라 우크라이나의 주권에 내재한 권리 행사를 자신들의 이해관계에 종속시키기 위해, 그럼으로써 어떤 종류든 이익을 확보하기 위해 고안된 경제적 강제에 종속시키는 것을 자제하기로 한 우크라이나에 대한 그들의 약속을 재확인한다.

4. 미합중국, 러시아 연방, 영국은 우크라이나가 핵무기 비확산 조약의 비핵보유국으로서 만약 핵무기를 사용하는 침략 행위의 피해국이 되거나 침략 위협의 대상이 될 경우,

우크라이나에 대한 지원을 제공하기 위한 즉각적인 유엔 안전보장이사회 조치를 모색하겠다는 그들의 약속을 재확인한다.

5. 미합중국, 러시아 연방, 영국은 우크라이나가 핵무기 국가와의 연합 또는 동맹으로 그들 자신, 그들의 영토 또는 부속 영토, 그들의 군대 또는 그들의 동맹에 대한 공격을 제외하고, 핵무기 비확산 조약에 가입한 어떤 비핵보유국에 대해서도 핵무기를 사용하지 않겠다는 그들의 약속을 재확인한다.

6. 미합중국, 러시아 연방, 영국은 이러한 약속에 대해 의문을 야기하는 상황이 발생할 경우 협의할 것이다.

이 각서는 서명함으로써 효과가 발생한다. 영어, 러시아어, 우크라이나어로 동일한 유효성을 가진 4부로 서명된다.

젤렌스키

10장

러시아군의 Z가 암시하는 것

ZELENSKY

위대한 우크라이나의 지도자로서 이 죽음들을 멈출 수 없다면 난

목숨에 연연하지 않는다.

―미국 의회 화상 연설에서(2022.3.16)

─────── 러시아군은 우크라이나 침공의 상징으로 'Z'라는 글자를 선택했다. 이것은 그들의 가장 중요한 목표가 무엇인지를 누구나 짐작할 수 있게 한다. 바로 우크라이나 대통령 볼로디미르 젤렌스키다.

그 글자는 2월 중순 우크라이나 국경 근처에 모여든 러시아 전차들에서 보이기 시작했다. 그 이후 러시아 내에 상품 산업에까지 생겨나는 등 러시아 지지자들에 의해 받아들여지고 있다.

Z라는 글자의 사용에 대해서는 몇 가지 가설이 있는데, 가장 분명한 것은 우크라이나의 불굴의 대통령 이름이라는 사실이다.

X, A, V를 포함한 다른 철자들도 등장했다. 기계 위의 글자들은 대개 정사각형, 삼각형, 그리고 다른 형태들에 둘러싸여 있었다.

Z는 키릴 러시아어 알파벳에는 존재하지 않으므로 한 가설에 의하면 Z가 Zapad(서쪽)를 의미하며, 전차들이 배치된 지역을 나타낸다고 했다.

다른 사람들은 이 글자들이 아군끼리의 오인 사격을 피하기 위해 탱크와 다른 장비들에 그려진 것이라고 믿고 있다. 러시아 국방부는 이런 주장에 대해 일절 언급하지 않고 국방부 인스타그램을 통해 Z는 'Za pobedu(승리를 위하여)'를 의미하며 V는 '진실의 힘'을 상징한다고 밝혔다.

Z는 곧 러시아의 우크라이나 침공을 지지하는 상징이 되었다.

런던《가디언》지는 침공 3일 만에 국영방송 RT가 소셜 미디어 채널을 통해 티셔츠와 후드 티를 포함한 Z 상품을 판매한다고 발표했다고 보도했다.

몇몇 러시아 젊은이들이 Z 셔츠를 입고 있는 것이 목격되었다. 이 글자는 옛 소련 시대의 아파트 블록과 거리 광고 표지판에도 그려져 있었다.

가디언은 또 학교들이 Z자로 열을 지어 서 있는 아이들의 모습을 포스팅했으며 호스피스에 수용된 시한부 판정을 받은 아이들이 우크라이나 침공을 지원하기 위해 Z자로 열을 선 온라인 이미지도 있었다고 전했다.

그 상징은 또한 러시아 밖에서도 눈에 띄었다. 수천 명의 세르비아인들이 러시아 국기를 흔들고 Z자를 든 채 베오그라드를 지나 러시아 대사관으로 행진하며 모스크바에 대한 지지를 과시했다. 러시아 체조 선수 이반 쿨랴크는 도하에서 열린 월드컵 체조대회에서 금메달을 딴 우크라이나의 코브툰 일리아 옆에 Z자가 새겨진 유니폼을 입고 서 있었다.

하지만 러시아 내에서조차도 러시아 정부의 행동에 반대하는 사람들이 있었다.

시위 중 체포된 사람들을 감시하는 자발적인 단체인 'OVD-Info'는 침공 첫 3주 동안 러시아 전역에서 열린 집회에서 거의 1만 5천 명이 구금되었다고 말했다.

노란색 모자와 파란색 재킷을 입은 20세의 크리스티나는 우크라이나 국기의 색깔을 입음으로써 "항의를 표현하고 있다"고 말했다.

"물론 밖에 나가기가 무섭죠. 그들은 모든 사람을 감금하고 있어요. 지난 며칠 동안 제 친구들이 많이 구금되었고 일부는 대학에서 퇴학당하기도 했습니다"라고 그녀는 AFP 통신에 말했다.

가장 많은 사람이 시청하는 러시아 TV 뉴스 방송 중 하나인 국영 방송 채널1의 편집자인 마리나 오브시아니코바가 생방송 도중 "전쟁 반대"라는 피켓을 들고 뉴스 진행자 뒤에 나타났다. 그녀는 반전 비디오도 만들었다.

관계자에 따르면 그 일로 그녀를 14시간 동안 구금한 데다 동영상을 만든 혐의에 대해 3만 루블(280달러)의 벌금을 부과했다.

비디오에서 그녀는 러시아 국민들에게 전쟁에 항의할 것을 촉구하면서 오직 그들만이 "이 모든 광기를 멈출 수 있는" 힘을 가지고 있다고 말했다.

"아무것도 두려워하지 마세요. 그들은 우리 모두를 감금할 순 없습니다"라고 그녀는 말했다. 그녀의 항의는 많은 러시아인이 우크라이나와 관련하여 '전쟁'이라는 단어를 보거나 듣게 된 첫 번째 기회였을 것이다.

여자와 아이들이 피난을 가더라도 남자는 남아서 싸워야 한다는 법이 많은 우크라이나 가정을 갈라지게 했다면, 러시아 가정은 전쟁을 지지하는 사람과 반대하는 사람 사이의 분열로 갈라졌다. 그들의 의견 차이는 때때로 세대 간의 차이로 보였다.

카네기 모스크바 센터의 안드레이 콜레스니코프는 대체로 젊은 러시아인들은 반(反)우크라이나 정서를 가질 가능성이 낮다고 말했다. 젊은 층은 반전 시위에도 많이 참여하고 있다.

그는 "전쟁에 대한 많은 인식은 어디서 소식을 얻느냐에 달려 있습니다"라고 말했다. TV를 보면 국가의 공식 노선을 따를 가능성이 높아진다. 나이 든 사람들은 TV를 더 많이 보는 경향이 있다.

콜레스니코프는 "대다수 러시아인은 최소한 언론이 표현하는 대로 국가의 행위를 지지하는 것으로 보입니다"라고 말했다.

화제의 민감성을 고려할 때, 전쟁이 가족과 친구들 사이에 긴장을 조성한 것은 놀랄 일이 아니었다. "사람들은 자기 편이 실제로 나쁜 사람들이라는 것을 받아들이기 매우 힘들어합니다."

11장

현격한 군비 차이에도 불구하고

ZELENSKY

얼마나 많은 러시아군이 공격하든 우리는 계속 싸울 것이며 포기
하지 않을 것이다.

―2022년 2월 24일 개전 직후

───── 군비軍備 측면에서 러시아와 비교하면 우크라이나는 피라미 수준이라고 할 수 있다. 거의 다윗과 골리앗의 싸움이다.

군사력에서 상비군이 있는 142개국 중 러시아가 2위, 우크라이나가 22위에 있다. 이런 규모의 차이에도 불구하고 러시아가 중국에서 군사 장비를 구하려 했다는 사실은 유럽에 가히 충격이었다.

미국 관리들은 러시아가 분쟁이 장기화하면서 일부 무기가 부족해졌다고 말했다.

그러나 주미 중국 대사관 대변인은 중국이 러시아를 도울 것이라는 어떠한 얘기도 듣지 못했다고 주장했다. 대변인은 "중국은 우크라이나 사태에 깊은 우려와 슬픔을 느끼고 있습니다. 우리는 사태가 진정되고 빠른 시일 내에 평화가 돌아오기를 진심으로 바랍니다"라고 말했다.

미국은 중국이 러시아를 지원할 경우 그 결과에 책임을 져야 할 것이라고 경고했다.

현격한 군비 차이에도 불구하고

젠 사키Jen Psaki 백악관 공보 비서관을 포함한 미국 관리들은 러시아가 감행한 우크라이나 전쟁에 대한 중국의 대응에 점점 더 비판적으로 반응하고 있다.

중국이 국제무대에서 중립적인 태도를 취하려는 것처럼 보이는 반면, 중국 국내 언론은 러시아의 허위 정보 캠페인을 홍보하며 전쟁을 '특별 군사작전'으로 묘사할 뿐 전쟁이란 말을 거의 사용하지 않았다.

사키는 또한 중국 정부가 미국이 우크라이나에서 화학무기를 개발하고 있다는 러시아의 거짓 주장을 "인정한 것으로 보인다"고 트위터에 올렸다.

무기에 대한 정확한 수치는 나라들로부터 개별적으로 얻기는 어렵지만, 정보 기관들은 세밀한 추정을 할 수 있다.

군비부터 알아보자.

우크라이나의 연간 군사 예산은 54억 달러(GDP의 3%)로 책정되어 있다. 러시아는 617억 달러(GDP의 43%)로 추산된다. 우크라이나의 GDP 대비 군사 예산 비율이 높은 것은 이웃 나라가 위협하고 있다는 인식 때문이었을 것이다.

육탄전이 승패를 가를 가능성은 낮지만 지상군의 크기 면에서는 러시아가 큰 우위를 점했다. 우크라이나의 현역 병력은 25만 5천 명, 러시아는 115만 4천 명이었다.

우크라이나는 1,149,646명의 예비군이 있다고 생각되지만, 러시아에는 34,765,736명의 예비군이 있다.

하드웨어 면에서는 우크라이나가 확실히 수적으로 열세였다.

러시아는 2,750대의 탱크(1만 8천 대를 보유하고 있다)를 준비시켰고, 우크라이나는 1,150대(1,435대를 보유하고 있다)를 준비시키고 있다.

러시아는 1,500대 이상의 전투기를, 우크라이나는 139대를 보유하고 있다. 폴란드는 미국이 최신예 전투기를 공급해주는 대가로 러시아가 만든 전투기를 우크라이나 공군에 보내겠다고 제안했지만, 미국은 그것이 러시아에게 전쟁 행위로 비칠 것을 우려하여 그 제안을 즉각 거부했다.

러시아는 약 400대의 전투 헬기를 보유하고 있으며, 우크라이나는 139대를 보유했다.

러시아는 82척의 전투함을, 우크라이나는 10척의 전투함을 보유했다.

러시아는 약 9천 문의 대포(약 1만 7천 문 보유)를 준비시켰으며, 우크라이나는 1,952문을 보유하고 있었다.

우크라이나 침공에는 군함과 장거리 폭격기가 직접적인 요소는 아니었을 것이다. 그러나 우크라이나인들이 공습, 미사일, 로켓 공격을 두려워한 것은 맞았다. 러시아는 전투 초기부터 이들을 사용해 광범위한 파괴와 많은 사상자를 냈다.

우크라이나군은 서방이 제공한 신무기로 러시아군에게 강경하게 저항했다.

러시아

러시아군은 전투기와 칼리브르(캘리버) 순항미사일을 동원해 우크라이나 기반시설을 공격했다.

칼리브르는 정밀 무기로서 러시아가 우크라이나 군사시설과 정부 청사에 발포하는 데 사용했지만 민간 희생자도 발생시켰다.

러시아가 설계한 그라드(하일), 스메르흐(토네도), 우라간(허리케인) 방사포도 부대나 군사 장비에 강력한 로켓포를 집중 발사하는 데 사용되었다.

그라드Grad는 러시아군이 사용하는 다연발 로켓 시스템MLRS 중 하나다. 18개의 발사대를 갖춘 1개 대대는 한 번의 일제 사격에 720개의 로켓을 발사할 수 있다. 유도되지 않는 로켓들은 일반 대포보다 정확도가 낮기 때문에 정밀도를 요구하는 상황에서는 사용할 수 없다. 목표물을 파괴하기 위해 한 지역에 많은 로켓을 발사하는 방식이다.

러시아는 우크라이나에서 집속탄을 사용했다는 비난을 받아왔다. 만약 사실이라면, 전쟁 범죄로 기소될 가능성이 높다. 산탄으로도 알려진 집속탄은 공중에서 폭발하여 넓은 지역에 미니 폭탄들을 발사하는 미사일이다.

미사일은 트럭에 장착된 무거운 시스템에 의해 지상에서 발사되거나 비행기에서 투하될 수 있다. 하지만 그것들은 종종 불안정하여 불발탄으로 남기 때문에 이를 발견한 어른과 아이에게 잠재적으로 치명적인 위협이 된다.

러시아는 탱크 몸체에 장착된 다연발 로켓 발사기와 TOS-1A 중형 화염방사기도 운용하고 있다. 무유도 포탄 로켓은 열기압 탄두를 가지고 있다.

미 국방부 관리들은 러시아제 열압력탄 이동식 발사대가 우크라이나에서 목격됐다고 밝혔지만, 사용 여부는 확인하지 못했다.

열압력탄은 희생자들의 폐에서 공기를 빨아내기 때문에 '진공 폭탄'으로도 알려져 있다. 열압력탄은 두 단계로 나뉘어 폭발한다. 1단계에서 폭탄은 폭발하면서 잠재적으로 치명적인 힘으로 주변 환경을 파괴한다. 그런 다음 공기 중으로 독성 화학물질 구름을 방출하여 인근 건물이나 대피소로 확산시킨다. 몇 초 후, 폭탄은 화학물질을 점화시키는 두 번째 폭탄을 터뜨리며 엄청난 충격파를 만들어낸다. 이 충격파는 인체를 증발시킬 수 있다. 또한 공기 중의 산소를 연소시켜 진공 상태를 만들어 주변 사람들의 폐를 파열시킬 수 있다.

국제법은 민간인에 대한 열병기 사용을 금지하고 있지만 군사 목표물에 대한 열압력탄의 사용은 불법이 아니다.

열압력 무기들은 근접 전용으로 설계된 로켓 추진 수류탄에서부터 비행기에서 투하할 수 있는 대형 폭탄까지 크기가 다양하다.

분석가들은 우크라이나 공중 방어의 규모와 정교함 때문에 러시아 공군이 즉각적인 영향을 주지 못했으며, 러시아군이 공중 공격으로 교두보를 마련할 수 없었다고 판단한다.

우크라이나

미국과 에스토니아는 우크라이나에 FGM-148이라고도 알려진 대전차용 재블린Javelin 미사일을 제공했다. 재블린 미사일은 휴대성이 뛰어나고 가벼우며 한 사람이 어깨에 메고서 발사할 수 있다. 또한 탱크의 장갑이 가장 얇은 곳을 타격하도록 설계되었다. 이들의 공격 범위는 최대 4.5킬로미터(2.8mi)이다. 또한 다른 차량, 건물 또는 저공으로 비행하는 항공기에 대한 공격에도 효과적일 수 있다. 자율적으로 표적을 추적하며, 후폭풍이 거의 없어 적에게 노출될 위험이 적다는 특징이 있다.

리투아니아는 우크라이나에 스팅어 대공 미사일을 보냈다. 스팅어는 종종 '전시 상황을 뒤집을 수 있는 게임체인저'로 여겨지며, 지상에 있는 군인들에게 영공에 대항할 수 있는 능력을 부여한다.

　스팅어의 효과는 1980년대 중반 아프가니스탄 저항군이 소련 헬기를 격추하기 위해 스팅어를 사용했을 때 여실히 드러났다. 흥미롭게도 이번 러시아 침략군들의 헬리콥터들 중 일부도 초반에 우크라이나군이 발사한 스팅어에 격추되는 일이 벌어졌다.

　우크라이나는 또한 소형 대(對)전차무기를 운반할 수 있는 터키제 바이락타르Bayraktar TB2 무인 전투기도 보유하고 있다.

　터키 주재 우크라이나 대사 바실 보드나르Vasyl Bodnar는 드론이 매우 효율적이었다고 말했다. 우크라이나군이 올린 동영상을 보면 드론이 러시아 호송 차량을 파괴하는 데 사용되었다. 드론은 정밀 유도 탄약을 발사할 수 있는 소형 대전차 무기를 탑재할 수 있다.

　(출처: CIA 추정치, armedforces.eu, 웹사이트 및 기타 미디어의 보도 자료)

12장

붉은 제국의 구석에서

ZELENSKY

당신들이 우리를 버려두지 않을 것이라는 걸 증명해주십시오. 당신들이 진정한 유럽인들이라는 것을 증명해주십시오. 그러면 삶이 죽음을 이기고, 빛이 어둠을 이길 것입니다.

−유럽의회 화상 연설에서(2022.3.1)

───── 2014년 2월 푸틴이 우크라이나를 침공한 것은 우크라이나에 대한 증오에서 비롯되었다. 이는 2014년 친러 성향의 빅토르 야누코비치 정권이 수개월의 시위 끝에 전복되면서 더욱 고조됐을 것으로 보인다.

야누코비치는 러시아로 도망쳤고, 푸틴은 키이우의 임시정부를 합법적인 것으로 인정하지 않았다.

푸틴은 러시아의 이익을 보호하기 위해 우크라이나에 군대를 파견하는 것에 대해 의회의 승인을 받았다(아마도 다가올 일이 합법적인 것이라는 분위기를 조성하기 위해서였을 것이다).

2014년 3월 초, 러시아 군대와 친러 준군사조직은 우크라이나 자치공화국인 크림반도로 이동했다. 인구의 약 60%가 러시아계였던 크림반도의 주민들은 지난 3월 러시아와 합병에 대한 국민투표를 실시했다. 러시아의 조치에 대해 서방 정부는 푸틴의 측근들에 대한 일련의 여행 금지와 자산 동결을 단행했다. 이틀 후 푸틴은 크림반도가 언제나 러시아의 일부였다고 주장하며 그곳을 러시아 연방에 편입하는 조약에 서명했다.

미국과 유럽연합은 푸틴의 정치적 동맹들에 대한 경제 제재를 더욱 강화했다.

러시아 의회 양원에서 조약이 비준된 후 3월 21일 푸틴은 러시아의 크림반도 합병을 공식화하는 법률에 서명했다. 크림반도에 인접한 우크라이나 지역에서는 러시아와 합병을 원하는 친러파 주민들이 상당수 있었다. 푸틴이 합병을 실현하기 위해 직접 행동하는 것은 아마도 시간문제였을 것이다. 그가 움직이는 데 8년이 더 걸렸지만 우크라이나를 침공하기 직전인 2022년 2월 20일에 2014년 독립을 선언한 분리주의 도네츠크와 루간스크 인민공화국을 공식 인정한 것은 놀랄 일이 아니었다.

미국, 영국, 유럽연합은 푸틴의 조치를 '국제법 위반'으로 규정했다

푸틴 대통령은 침공 직전 긴 TV 연설을 통해 우크라이나를 러시아 역사의 일부분으로 묘사하면서 우크라이나 동부는 고대 러시아 영토이며, 현대 우크라이나는 1917년 혁명 이후 볼셰비키에 의해 만들어진 국가라고 말했다. 그는 러시아 국민들이 그의 결정을 지지할 것이라고 확신한다고 말했다.

도네츠크와 루간스크 인민공화국은 2014년 러시아의 지원을 받는 분리주의자들이 우크라이나군과 계속 내전을 벌일 때 독립을 선

언했다.

푸틴 대통령은 "나는 도네츠크 인민공화국과 루간스크 인민공화국의 독립과 주권을 즉각 인정하는 것은 오래전에 내렸어야 할 결정이었다고 생각한다"라고 말했다.

그는 또 연설을 통해 우크라이나 지도부를 공격하면서 신나치가 기승을 부리고, 금권 과두 정권이 횡행하며, 옛 소련 국가가 괴뢰 정권이 들어선 미국의 식민지가 되었다고 말했다.

우크라이나에 대한 푸틴의 계획이 무엇이든 간에 그는 그것을 실행할 충분한 시간이 있었다. 2021년, 그는 대통령 임기를 두 번 더 연장할 수 있는 법안에 서명함으로써 잠재적으로 그의 통치를 2036년까지 연장했다.

2022년 현재 70세인 푸틴은 2024년에 끝나는 네 번째 대통령 임기를 수행하고 있다. 새로운 법률은 그가 6년 임기를 두 번 더 수행할 수 있도록 허용한다.

푸틴은 1999년 12월 31일 보리스 옐친Boris Yeltsin 대통령이 사임한 후 대통령 권한대행을 맡았다. 그는 2000년 5월 7일 52.94%의 득표율로 4년 임기의 러시아 대통령으로 선출되었다. 2004년에 4년 임기로, 2012년에는 6년 임기로, 2018년에도 6년 임기로 재선되었다.

푸틴은 누구인가

블라디미르 블라디미로비치 푸틴은 1952년 10월 7일 소련 레닌그라드(현 러시아 상트페테르부르크)에서 태어났다. 레닌그라드 주립대학에서 법학을 전공해 1975년에 졸업했다. KGB(국가보안위원회)에서 16년간 대외 정보요원으로 근무하며 중령으로 승진한 뒤 1991년 상트페테르부르크에서 정치활동을 시작했다. 1996년 보리스 옐친 대통령 정권에 합류하기 위해 모스크바로 활동지를 옮겼다. 1999년 8월 총리로 임명되기 전까지 잠시 연방보안국(FSB) 국장, 안보리 서기를 지냈다.

푸틴의 통치는 부패, 정적의 투옥과 탄압, 언론의 자유 위협과 억압, 자유롭고 공정한 선거의 부재로 특징 지어져 왔다.

푸틴 치하의 러시아는 국제투명성기구의 부패 인식 지수, 이코노미스트 인텔리전스 유닛Economist Intelligence Unit의 민주주의 지수, 프리덤 하우스의 세계 자유 지수에서 모두 낮은 점수를 받았다.

푸틴은 류드밀라(현재 이혼)와 결혼했고, 카티아와 마샤라는 두 딸을 두었다. 그는 올림픽 리듬체조 금메달리스트이자 정치인인 알리나 카바예바(39)와 연인 관계인 것으로 알려졌다. 그들은 일곱 살짜리 쌍둥이 딸과 두 아들이 있는 것으로 추정되지만, 그들의 나이와 존재는 공식적으로 확인된 바가 없다.

13장

미국을 움직인 의회 연설

오늘 100명이 넘는 아이들의 심장이 박동을 멈추었을 때 저의 나이도 멈췄습니다. 만약 내가 그런 죽음을 막을 수 없다면 내 인생에는 아무런 의미가 없다고 생각합니다. 그리고 이것이 우리 국민의 리더로서 제 사명입니다.

—미국 의회 화상 연설에서(2022.3.16)

———— 2022년 3월 16일, 비디오 링크를 통해 젤렌스키 대통령의 역사적인 미국 의회 연설(미국 주재 우크라이나 대사 옥사나 마르카로바가 참석한 가운데)이 공개됐다. 연설 내내 그리고 끝난 후에도 의원들의 기립 박수갈채를 받았다. 그는 나토가 자국 영공에 비행금지구역을 설정해야 한다고 거듭 촉구했다.

미국은 우크라이나에 정말 중요한 이 요구를 들어줄 것인가? 박수갈채를 보여주는 것이 전부일까? 그는 지금까지 미국이 도와준 것에 대해 감사했고, 역사를 들며 인류애를 촉구했다. 그는 기존 기관들이 제공하지 못한 즉각적인 국제 '경찰과 구급차' 서비스를 제공하는 새로운 국제기구인 U24를 요구했다. 분쟁 중단, 무기, 제재, 인도적 · 정치적 지원과 관련한 24시간 체제를 갖추기 위해 국가연합체 'U24'의 창설을 제안한 것이다.

젤렌스키의 연설

우크라이나에게 영광을! 하원의장님, 국회의원, 신사숙녀, 미국인 여러분, 친구들 정말 감사합니다. 매일같이 러시아군의 미사일과 포화 공격의 한가운데 있지만 굴복하지 않는 우크라이나의 수도 키이우에서 여러분께 인사를 드리게 되어 영광입니다. 우리는 단 한순간도 포기를 생각해본 적이 없습니다. 2차 세계대전 이후 최악의 전쟁에 휘말린 아름다운 우크라이나의 많은 도시와 지역사회도 마찬가지입니다.

8년 동안 러시아의 침략에 저항해온 용감하고 자유를 사랑하는 우크라이나 국민들, 러시아의 전면적인 침략에 저항하기 위해 최고의 아들과 딸을 내어준 사람들을 대표하여 여러분께 인사드리게 되어 영광입니다. 지금 우리나라는 운명의 갈림길에 서 있습니다. 우크라이나 사람들이 자유를 얻게 될지, 민주주의를 지킬 수 있을지 말입니다. 러시아는 우리, 우리 땅, 도시만 공격한 것이 아닙니다. 러시아는 우리의 가치, 인간의 기본 가치를 잔혹하게 공격했습니다. 러시아는 미국에 거주하는 모든 사람, 미국인이 지닌 것과 다를 바 없는 우리의 자유, 우리나라에서 자유롭게 살 권리, 우리가 스스로 미래를 선택할 권리, 행복에 대한 욕망, 우리의 국가적 꿈을 짓밟기 위해 탱크와 비행기를 보냈습니다.

저는 러시모어 국립 기념공원에 새겨져 있는 여러분의 저명한 대통령의 얼굴들, 미국의 기초를 닦은 사람들의 얼굴을 마치 오늘 본 것처럼 기억하고 있습니다. 모든 사람, 부지런히 일하고 정직하게 사는 모든 사람, 법을 존중하는 모든 사람을 위한 민주주의, 독립, 자유와 보살핌의 기초를 닦은 사람들 말입니다. 우리도 우크라이나에서 우리 국민들에게 같은 것들, 우리의 삶에서 당연한 것들을 줄 수 있기를 원합니다.

신사숙녀 여러분, 친구들, 미국인 여러분, 우크라이나 사람들이 여러분을 필요로 하는 지금, 우리가 처한 상황을 이해할 수 있게 해 줄 애국자들이 여러분의 위대한 역사에 포진하고 있습니다. 1941년 12월 7일 끔찍한 아침, 미국을 공격하는 비행기들로 하늘이 까맣게 덮였던 진주만을 기억해주십시오. 2001년 9월 11일, 사람들이 여러분의 도시를 전쟁터로 바꾸려고 했던 끔찍한 날을 기억해주십시오. 무고한 사람들이 공중으로부터 공격을 당할 줄 아무도 예상하지 못했습니다. 여러분은 그것을 멈출 수 없었을 것입니다.

비행금지구역 설정이 너무 무리한 요구인가요

지금 이 순간 오데사, 마리우폴 등 우크라이나의 여러 도시에서 3주째 매일 밤, 똑같은 경험을 하고 있습니다. 러시아는 우크라이나 하늘을 수천 명의 죽음의 근원지로 만들었습니다. 러시아군은 이미 우크라이나를 향해 수많은 폭탄과 함께 거의 미사일 1천 발을 발사했습니다. 그들은 드론을 이용해서 우리를 정밀 타격하고 있습니다. 이것은 유럽이 지난 80년 동안 보지 못한 테러입니다. 우리는 전 세계로부터 이 테러에 대한 대답을 요구합니다. 사람들을 구하기 위해 우크라이나 상공에 비행금지구역을 설정해달라는 것이 무리한 요구인가요? 너무 무리한 부탁인가요? 인도주의적인 비행금지구역 말입니다. 러시아가 우리의 자유로운 도시를 공포에 떨게 하지 못하도록 말이죠.

　이것이 무리한 요구라면, 우리는 대안을 제시합니다. 여러분은 우리에게 필요한 방어 시스템을 알고 있습니다. 잘 알다시피 전장에서는 많은 것이 항공기와 강력하고 더 강한 비행 능력에 달려 있습니다. 우리 국민, 우리의 자유, 우리의 땅을 보호하기 위해서 말이죠. 여러분은 우크라이나와 유럽을 도울 수 있는 항공기들이 있다는 것을 알고 있고 가지고 있다는 것을 압니다. 하지만 그러한 항공기들이 우크라이나 하늘이 아니라 땅에 착륙해 있습니다. 그것들은 우리 국민을 방어하지 않습니다. "나에겐 꿈이 있습니다." 여러분은 모두 이 말을 알고 있습니다. 오늘 저는 "나에겐 필요가 있습니다"라고 바꿔 말합니다. 나는 우리의 하늘을 지켜야 합니다. 여러분의 결정과 도움이 필요합니다. 저는 이 필요를 당신이 "나에겐 꿈이 있습니다"라는 말을 들을 때 느끼는 것만큼 절실하게 느낍니다.

　신사숙녀 여러분, 친구 여러분, 우크라이나는 미국의 압도적인 지원에 대해 감사합니다. 여러분의 정부와 국민들이 우리를 위해 해온 모든 일, 즉 무기, 탄약, 훈련, 재정 지원, 그리고 자유세계의 지도력에 대해서 말이죠. 그것은 우리가 침략자들을 경제적으로 압박하는 데 도움을 줍니다. 바이든 대통령의 개인적 관심과 우크라이나의 국방과 전 세계 민주주의에 대한 그의 진심 어린 헌신에 감사드립니다. 우크라이나와 우크라이나 국민에 대해 범죄를 저지르는 모든 사람들을 전범으로 인정하는 결의에 감사드립니다.

　하지만 이제 우리나라와 유럽 전체에 지금이 가장 어두운 시기라는 것은 사실입니다. 나는 여러분이 더 많은 것을 하기를 바랍니다. 러시아의 군사 행동이 멈출 때까지 매주 새로운 제재 조치들이 끊임없이 필요합니다. 이 부당한 정권의 기반이 되는 모든 사람에 대한 규제가 필요합니다. 국가가 가하는 테러를 중지할 도덕심이 없는 러시아 연방의회 의원들부터 가장 말단의 공무원들까지, 우리는 우크라이나에 대한 침략에 책임이 있는 사람들과 관계를 끊지 않는 모든 정치인을 미국이 제재할 것을 제안합니다. 모든 미국 기업은 즉시 러시아를 그들의 시장에서 떠나보내야 합니다. 우리의 피로 채워진 시장이기 때문입니다.

평화는 돈보다 더 중요합니다

신사 숙녀 여러분, 국회의원 여러분, 부디 앞장서 주십시오. 만약 여러분의 지역에 러시아에서 사업을 유지하면서 러시아 군사 행동에 자금을 대는 회사가 있다면, 압력을 가해야 합니다. 나는 러시아인들이 우크라이나에서 파괴하는 데 쓰일 돈을 단 한 푼도 받지 못하도록 해달라는 것입니다. 우리나라의 파괴, 유럽의 파괴를 막기 위해 미국의 모든 항구는 러시아 제품을 받지 말아야 합니다.

평화는 수입보다 더 중요하며 우리는 전 세계에서 이 원칙을 지켜야 합니다. 우리는 이미 수많은 나라를 하나로 묶는 반전反戰 연합의 일부가 되었습니다. 푸틴 대통령의 우크라이나 침공 결정에 원칙적으로 대항했지만, 우리는 더 많은 일을 해야 합니다. 2월 24일부터 시작된 러시아의 전면적인 우크라이나 침공 전쟁에 신속히 대응하고 전쟁을 멈출 수 있는 새로운 도구를 만들어야 합니다. 하루 24시간 안에 그런 전쟁을 끝낼 수 있고 악이 즉각 처벌받는다면 정말 공정할 것입니다.

오늘날 세계는 그러한 도구를 가지고 있지 않습니다. 지난날의 전쟁들은 우리가 전쟁으로부터 보호할 기관을 만들도록 했지만, 불행히도 그것들은 효과가 없었습니다. 우리가 알고 있고, 여러분도 아는 사실입니다. 그래서 우리는 새로운 것, 새로운 제도, 새로운 동맹이 필요합니다. 이제 우리는 그것을 제안합니다. 우리는 갈등을 멈출 힘과 의식을 가진 책임감 있는 국가들의 국제연합체인 'U24'를 만들 것을 제안합니다. 그것은 분쟁을 즉시 멈출 수 있는 힘과 의식을 가진 책임 있는 국가들의 연합으로서 필요한 경우 평화를 지키고 세상을 구하고 생명을 보호하기 위해 무기, 제재, 인도주의적 지원, 정치적 지원, 금융 지원, 기타 모든 것을 신속히 제공할 것입니다.

또한 그러한 연합은 자연재해, 인재人災를 당한 사람들, 그래서 인도주의적 위기나 역병으로 인한 위기의 희생자가 된 사람들을 도울 수도 있습니다. 새로운 변종 균을 막고 사람을 살리는 백신을 맞게 하는 등 아주 간단한 일조차 얼마나 어려웠는지 기억해보세요. 인명 피해나 희생자가 없도록 그런 일들을 좀 더 빨리 처리하는 데 세상은 몇 달, 몇 년이 걸렸습니다.

신사숙녀 여러분, 미국인 여러분, 만약 그러한 동맹이 오늘날 존재한다면, 즉 U24가 설립된다면, 우리는 우크라이나는 물론 세계 여러 나라에서 평화를 원하는 사람들, 비인간적인 혼란을 겪고 있는 사람들의 생명을 구할 수 있을 것입니다. 러시아군이 우리나라와 우리 땅에서 한 일을 담은 비디오 한 편을 보여드리겠습니다. 우리는 저런 짓을 막아야 합니다. 다른 나라를 정복하려는 모든 침략자를 사전에 파괴해야 합니다. 영상을 봐주세요.

[평화와 전쟁 시의 우크라이나를 찍은 짧은 영상 몽타주]

(젤렌스키가 영어로) 그리고 마지막으로 요약해서 말씀을 드리자면, 한 국가의 리더가 되는 것, 세계의 리더가 되는 것만으로는 충분하지 않습니다. 세계의 리더가 된다는 것은 평화의 리더가 되는 것을 의미합니다. 여러분이 사는 나라의 평화는 더 이상 자국민에게만 달려 있지 않습니다. 그것은 옆에 있는 사람들, 강한 사람들에 달려 있습니다. 강하다는 건 크다는 의미가 아닙니다. 강하다는 것은 용감하고 자신의 시민과 세계 시민의 생명을 위해, 그들의 인권과 자유를 위해 싸울 준비가 되어 있다는 것, 괜찮은 삶을 살다가 다른 사람들이나 당신의 이웃이 원하는 때가 아니라 자기 수명이 다할 때 죽을 수 있는 권리를 위해 싸울 준비가 되어 있다는 것을 의미합니다.

오늘날, 우크라이나 국민들은 우크라이나를 지킬 뿐만 아니라 유럽과 세계의 가치를 지키기 위해 싸우고 있습니다. 미래를 위해 우리의 생명을 희생하는 것입니다. 그것이 오늘날 미국 국민이 우크라이나뿐만 아니라 유럽과 세계를 돕는 이유, 지구를 살리고 역사 속의 정의를 지키는 이유입니다. 이제 저는 거의 마흔다섯 살에 이르렀습니다. 오늘 100명이 넘는 아이들의 심장이 박동을 멈추었을 때 저의 나이도 멈췄습니다. 만약 내가 그런 죽음을 막을 수 없다면 내 인생에는 아무런 의미가 없다고 생각합니다. 그리고 이것이 우

젤렌스키

리 국민의 리더로서 제 사명입니다. 우리나라의 지도자로서, 저는 바이든 대통령에게 말씀드립니다. 당신은 국가의 리더입니다. 당신의 위대한 조국의 리더입니다. 저는 당신이 세계의 리더가 되기를 바랍니다. 세계의 지도자가 된다는 것은 평화의 지도자가 된다는 것을 의미합니다. 감사합니다. 우크라이나에게 영광을!

9세기

최초의 주요 동슬라브 국가인 키반 루스^{Kievan Rus}가 키이우(현 우크라이나 수도)를 수도로 건국되었다.

10세기

러시아의 첫 왕조인 류리크^{Rurik} 왕조가 세워지고, 블라디미르 대왕(우크라이나어로 볼로디미르 왕자)이 황금기를 시작한다. 988년 그는 정교회를 받아들여 키반 루스의 개종을 시작함으로써 동유럽에 기독교를 들여온다.

11세기

야로슬라프 1세(1019~1054) 치하에서 키이우는 동유럽의 주요 정치 및 문화의 중심이 된다.

외세 지배

-1237~40년 몽골 인들이 루스 왕국을 침략하여 많은 도시를 파괴하고 키반 루스의 권력을 종식시킨다. 타타르족으로 알려진 몽골 침략자들은 킵차크 칸국Golden Horde을 세운다.

-1349~1430년 폴란드(나중에는 폴란드-리투아니아 연방)는 점차 현재의 우크라이나 서부와 북부를 합병한다.

-1441년 크림 칸국Crimean Khanate은 킵차크 칸국에서 벗어나 현재의 남부 우크라이나 대부분을 정복한다.

-1648~57년 폴란드 통치에 대한 코사크 봉기가 일어나 우크라이나에서 현대 독립 국가의 선구로 여겨지는 카자크 수장국Hetmanate(군사국가)이 수립된다.

-1654년 페레야슬라프 조약Pereiaslav Agreement으로 카자크 수장국을 러시아의 속국으로 바꾸는 절차가 시작된다.

-1686년 러시아와 폴란드 사이의 항구적 평화조약은 우크라이나 지역에서 벌어진 37년간의 오스만 제국과의 전쟁을 끝내고

카자크 수장국을 분할한다.

–**1708~09년** 러시아가 폴란드와 스웨덴에 대항해 대북방 전쟁을 벌이는 동안 이반 마제파Ivan Mazepa가 봉기를 일으켰는데, 러시아로부터 동부 카자크 수장국을 해방시키기 위함이었다.

–**1764년** 러시아는 동부 카자크 수장국을 없애고, 1781년 영토를 완전히 합병할 때까지 과도 통치체제로서 리틀 러시아 주Little Russia Governorate를 수립했다.

–**1772~95년** 우크라이나 서부의 대부분은 폴란드 분할을 통해 러시아 제국에 흡수된다.

–**1783년** 러시아는 크림 칸국의 합병을 통해 우크라이나 남부를 점령한다.

19세기

우크라이나의 문학과 교육, 역사 연구가 발전하면서 민족 문화의 부흥이 일어난다. 폴란드가 분할되면서 얻은 합스부르크가 통치하는 갈리치아는 우크라이나 정치 및 문화 활동의 중심이 된다.

러시아가 우크라이나 영토에서 우크라이나어를 사용하지 못하게
했기 때문이다.

20세기

-1917년 러시아 제국 붕괴 후 중앙라다평의회Central Rada council가
키이우에 설치된다.

-1918년 우크라이나는 독립을 선언한다. 이어진 내전 기간 동안
경쟁 관계의 수많은 정부가 우크라이나의 일부 또는 전체를 차지
하기 위해 각축을 벌인다.

-1921년 러시아 붉은 군대가 우크라이나의 3분의 2를 정복하여
우크라이나 소비에트 사회주의 공화국을 수립한다. 서부의 나머
지 지역은 폴란드의 일부가 된다.

-1920년대 소련 정부는 엄격한 정치적 범위 내에서 우크라이나
언어와 문화를 장려하지만 이 정책은 1930년대에 뒤집힌다.

-1932~33년 우크라이나는 토지가 비옥하고 넓어 '유럽의 빵바구
니'라고 불렸다. 이 풍요의 땅에서 1932~33년에 대기근이 발생해

수백만 명 이상이 굶어 죽었다. 이를 '홀로도모르Holodomor'라고 부르는데, 기아를 통한 대량살인이라는 뜻이다. 스탈린 치하의 소련 우크라이나 소비에트 사회주의의 공화국에서 실시한 집단화 정책 탓으로 정치적으로 계획된 대기근이라고 보는 데서 붙여진 이름이다.

–1939년 우크라이나가 나치–소비에트 협약에 따라 소련에 합병되었다.

–1941~44년까지 나치가 우크라이나를 점령하면서 끔찍한 전쟁 참화를 겪는다. 500만 명 이상의 우크라이나 사람들이 나치 독일과 싸우다 죽는다. 우크라이나의 150만 유대인 대부분이 나치에 의해 살해되었다.

–1944년 스탈린은 나치 독일에 부역했다는 누명을 씌워 20만 명의 크림 타타르인을 시베리아와 중앙아시아로 추방했다.

–1954년 소련 지도자 니키타 흐루쇼프가 크림반도를 우크라이나로 이양한다. 소련 통치에 대한 무력 저항은 우크라이나 반군의 마지막 지휘관이 체포되면서 끝이 났다.

-**1960년대** 소련 통치에 대한 암묵적인 저항이 증가하여 1972년 반체제 인사들에 대한 탄압으로 이어졌다.

-**1986년** 체르노빌 원자력 발전소의 원자로가 폭발하여 방사성 구름이 유럽 전역으로 퍼진다. 파손된 원자로를 거대한 콘크리트 덮개 안에 가두기 위해 필사적인 노력을 기울인다.

-**1991년** 우크라이나는 모스크바에서 쿠데타를 시도한 후 독립을 선언한다.

-**1990년대** 소련 붕괴 후 약 25만 명의 크림 타타인들과 그 후손들이 크림반도로 돌아온다.

새로운 시작

-**1994년** 우크라이나는 투표를 통해 평화적으로 권력이 이양된 최초의 구소련 공화국이 되었다. 제2대 대통령 선거에서 레오니드 쿠치마Leonid Kuchma가 레오니드 크라브추크를 제치고 당선되었다.

-**1996년** 새로운 헌법이 채택되었지만, 정부는 개혁을 제대로 실행하지 못했고 경제는 침체되었다. 그에 대한 불만이 치솟는데

도 쿠치마는 1999년에 재선에 성공했다. 2000년대 초에 그의 퇴진을 요구하는 시위가 힘을 얻었다.

-**2004년** 대통령 선거에서는 친러시아 성향의 빅토르 야누코비치 전 도네츠크 주지사가 당선됐다. 그러나 널리 행해진 부정선거의 증거는 키이우에서 대규모 시위를 촉발시켰고(오렌지 혁명) 새로운 선거가 실시되었다.

쿠치마의 정적이자 전 총리였던 빅토르 유셴코가 제3대 대통령이 되었고, 그의 승리는 우크라이나가 친서방 국가가 되어서 정치와 경제 시스템을 자유화할 것이라는 기대를 불러왔다. 그러나 유셴코의 개혁적 연합은 응집력이 부족했고 중요한 개혁을 이루어내지 못했다. 야누코비치가 이끄는 정당이 2006년 총선에서 승리했고, 오랜 협상 끝에 야누코비치가 총리로 임명되었다. 정치적·경제적 불확실성이 지속되었다.

-**2009년** 러시아는 키이우의 채무 상환에 대한 분쟁 중에 우크라이나에 대한 가스 공급을 중단했다. 많은 유럽연합 국가들에 대한 가스 공급 또한 영향을 받았다. 2010년 야누코비치는 대통령으로 선출되었고, 우크라이나를 러시아와 더 가까운 관계로 되돌리려고 노력했다.

그는 대통령 권한을 강화하는 헌법 개정을 추진했고 그에 반대하는 사람들을 억압했다. 2011년, 야누코비치의 원수이자 전 총리였던 율리아 티모셴코Yuliya Tymoshenko가 투옥되었다.

-2013년 말 야누코비치는 EU와의 연합 협정 체결을 무기한 연기했고, 이로 인해 '유로마이단 운동'으로 알려진 대규모 시위가 시작되었다.

-2014년 2월 야누코비치는 수도를 탈출했고, 이후 의회에서 탄핵을 당했다. 그리하여 친서방 연합이 정권을 잡았다. 2월 말, 러시아군은 표시가 없는 군복을 입고 크림반도로 이동해 현지 분리주의자들을 지원했고, 3월에는 러시아가 크림반도를 병합해 냉전 이후 최대 규모의 동서 대결을 촉발했다. 미국과 유럽 연합은 러시아에 대해 점점 더 강력한 제재를 가했다.

러시아의 지원을 받는 듯한 분리주의 세력이 몇몇 도시와 마을을 장악하면서 우크라이나 동부 광범위한 지역이 불안정 상태에 빠졌다. 5월 말, 친서방 억만장자 페트로 포로셴코는 동부 지역에 법과 질서를 회복하겠다는 공약으로 대통령 선거에서 압도적인 승리를 거두었다.

러시아의 지원을 받는 반군이 우크라이나 동부 전역의 마을과 도시의 정부 청사를 점령한 후 2014년 전쟁이 발발했다. 치열한 전투 후 돈바스 지역의 루간스크와 도네츠크 일부 지역이 러시아의 지원을 받는 분리주의자들의 손에 넘어갔다. 우크라이나 정부는 이에 대응하여 군사작전을 개시했다.

러시아는 또한 2014년에 우크라이나의 영토였던 크림반도를 무력을 동원해 강제 합병했다.

-**2014년 7월** 우크라이나 동부 분쟁 지역 상공을 비행하던 말레이시아 항공 MH17편을 우크라이나 내 친러시아군이 러시아제 북 미사일Buk missile로 격추시켜 탑승자 298명 전원이 사망했다.

[2022년 3월 자국의 시민들이 말레이시아 항공 MH17편 여객기에서 사망한 오스트레일리아와 네덜란드는 러시아가 이번 공격에 책임이 있다고 주장했고, 러시아를 상대로 MH17 여객기 격추에 대한 법적 절차를 국제민간항공기구(ICAO)에서 시작했다. 그들은 희생자 유족에 대한 사과와 보상을 요구했다. 3월 9일 네덜란드 법정에서 MH17 여객기 격추에 대한 첫 재판이 열렸다.]

-**2014년 9월** 나토는 러시아군과 중장비들이 우크라이나 동부에 진입한 것을 확인했다. 10월의 의회 선거는 친서방 정당들을 다수당으로 만들었다.

-**2017년 7월** 유럽연합-우크라이나 협정이 조인국들에 의해 서명되어 9월 1일에 발효되었다.

-**2018년 5월** 푸틴 러시아 대통령은 러시아 남부와 크림반도를 연결하는 다리를 공식적으로 개통했다. 우크라이나는 불법행위라며 비난했다.

젤렌스키 대통령

-**2019년** 4월과 7월의 결선 투표에서 텔레비전 코미디언 볼로디미르 젤렌스키가 현직 대통령인 페트로 포로셴코를 누르고 압승을 거두면서 대통령 선거에서 승리했다.

그는 5월에 취임했고, 그의 '국민의 일꾼' 당은 7월 조기 총선에서 승리했다.

8월에 의회는 젤렌스키 대통령의 보좌관 올렉시 혼차루크를 총리로 임명했다. 한 달 후, 러시아와 우크라이나는 크림반도와 돈바스에서 사로잡힌 포로들을 교환했다.

10월 트럼프 대통령이 민주당 대선 경쟁자인 조 바이든에 대한 수사를 하라고 우크라이나에 부당한 압박을 행사하려 했다는 의혹을 받으며 미국 탄핵소추 논란에 휩싸이게 되었다.

-**2020년 3월** 젤렌스키 대통령은 산업 부흥과 세금 수입을 개선

하기 위해 전 사업가 데니스 슈미갈^{Denys Shmyhal}을 총리에 임명했다.

-**2022년 2월** 러시아는 우크라이나를 침공했다.

(출처: BBC)

1922년 소비에트 연방(USSR, 소비에트 사회주의 공화국 연방)이 블라디미르 레닌에 의해 창설되었다.

소련은 세계에서 가장 큰 나라가 되었다.

그러나 1991년 12월 25일 이후 모스크바 크렘린의 가장 높은 깃대에 망치와 낫이 그려진 붉은 깃발 대신 러시아의 흰색, 파란색, 빨간색 깃발이 게양되었다.

1991년 소련이 붕괴된 후 그 자리에 15개의 독립 국가들이 들어섰다.

2022년 2월 러시아가 우크라이나를 침공했을 당시 아르메니아, 몰도바, 에스토니아, 라트비아, 리투아니아, 조지아, 아제르바이잔, 타지키스탄, 키르기스스탄, 벨라루스, 우즈베키스탄, 투르크메니스탄, 우크라이나, 카자흐스탄, 러시아 등이 각각 독립국으로 존재했다.

소비에트 연방 사회주의 공화국은 연방국가들에게 공식적으로 자치 독립을 부여하면서 1991년 12월 26일 공식적인 해체가 이루어졌다. 구소련 공화국들의 독립을 인정하고 독립국가연합(CIS)을 창설한 소비에트 최고회의의 선언번호 142-H의 결과였다.

서명자 중 5명은 뒤늦게 비준했거나 아예 비준하지 않았다. 12월 25일, 소련의 여덟 번째이자 마지막 지도자였던 미하일 고르바초프가 사임하면서 그의 임기가 소멸되었다고 선언하고, 보리스 옐친 러시아 대통령에게 소련의 핵미사일 발사 코드를 포함한 권한을 넘겨주었다. 그날 저녁 7시 32분, 소련의 국기는 마지막으로 크렘린에서 내려졌고 혁명 이전의 러시아 국기로 대체되었다.

소련의 해체로 가는 길은 1985년 3월 11일 73세의 콘스탄틴 체르넨코가 사망한 지 3시간 만에 정치국에 의해 고르바초프가 총서기로 선출되면서 시작되었다.

–**1985년 7월 1일** 고르바초프는 그루지야 공산당 제1서기 에두아르트 셰바르드나제를 정치국원으로 승진시켰고, 다음 날 외무부 장관 안드레이 그로미코의 후임으로 그를 외무부 장관으로 임명했다.

–**1985년 12월 23일** 고르바초프는 빅토르 그리신을 대신하여

옐친을 모스크바 공산당의 제1서기로 임명하였다.

–1987년 8월 23일 리투아니아에서 첫 반(反)소련 시위가 1939년 몰로토프 조약의 비밀의정서(아돌프 히틀러와 요제프 스탈린 사이에 맺어진 것으로 당시 독립국이었던 발트해 국가들을 소련에 넘겨주었다) 48주년 기념일에 벌어졌으며, 발트3국의 수도에서 시위자 수천 명이 독립 노래를 부르며 스탈린의 희생자들을 추모하는 집회에 참석했다. 이 집회는 공식 언론들에 의해 신랄하게 비난받았고 경찰의 감시를 받았으나 제지당하지는 않았다.
소비에트 연방의 해체와 공화국들의 독립을 향한 움직임은 계속되었다.

–1987년 10월 17일 약 3천 명의 아르메니아인들이 예레반에서 세반호수, 나이리트 화학공장, 메트사모르 원자력 발전소의 상태와 예레반의 대기 오염에 대해 항의하는 시위를 벌였다.

–1987년 10월 21일 1918년부터 1920년까지 에스토니아 독립전쟁에서 목숨을 바친 사람들을 위한 시위가 베루에서 벌어져 결국 민병대와 충돌하게 된다. 몇 년 만에 처음으로 파란색, 검은색, 흰색으로 이루어진 삼색 국기가 공개적으로 걸리게 되었다.

-**1987년 11월 18일** 수백 명의 경찰과 민간 민병대들이 자유의 기념탑^{Freedom Monument}에서 벌어질 시위를 막기 위해 중앙 광장을 봉쇄했지만, 수천 명의 사람들이 리가 거리에 줄을 선 채 침묵의 항의를 벌였다.

-**1988년 2월 20일** 나고르노-카라바흐^{Nagorno-Karabakh} 자치주(아르메니아인이 다수 주민으로 주거하는 아제르바이잔 소비에트 사회주의 공화국 내 지역)의 주도인 스테파나케르트에서 일주일에 걸쳐 시위가 확대되자 지역 소비에트 평의회가 투표를 통해 아르메니아 소비에트 사회주의 공화국과 합류하기로 결정한다.

-**1988년 4월** 에스토니아 인민전선이 창설되었다.

-**1988년 4월 26일** 키이우 크레스차티크 거리에서는 우크라이나 문화 클럽이 주최한 체르노빌 원전 참사 2주년 행진에 500여 명이 '끝까지 개방과 민주주의를' 등의 구호가 적힌 플래카드를 들고 참여했다.

-**1988년 5월** 사유디스^{Sajūdis}(운동이라는 뜻)라고 불리던 리투아니아 인민전선이 창설되었다. 라트비아 인민전선은 1988년 6월

에 창설되었다.

-**1988년 11월** 소비에트 그루지야의 수도 트빌리시에서는 많은 시위자가 그루지야의 독립과 에스토니아의 주권 선언을 지지하며 공화국 의회 앞에 진을 쳤다.

-**1988년 11월 16일** 에스토니아 러시아 소비에트 연방 사회주의 공화국의 소비에트 최고회의는 에스토니아 법이 소비에트 연방보다 우선하는 국가 주권 선언을 채택했다.

-**1989년 1월 22일** 우크라이나 리비우와 키이우에서 우크라이나 독립 기념일을 기념했다. 리비우에서는 수천 명의 사람들이 예배를 위해 세인트 조지 대성당 앞에 모였는데, 정부의 허락을 받지 못했다. 키이우에서는 1918년에 행해진 우크라이나 인민 공화국의 선포를 기념하기 위해 60명의 활동가들이 한 아파트에 모였다.

-**1989년 4월 7일** 그루지야가 소련으로부터 분리되고 압하지야가 그루지야에 완전히 통합될 것을 요구하는 현수막을 들고 공산당 본부 앞에서 10만 명 이상의 사람들이 시위를 벌이자 소련

군과 장갑차들이 트빌리시로 보내졌다. 1989년 4월 9일, 군대가 시위대를 공격해서 20명이 사망하고, 200명 이상이 부상당했다. 이것은 그루지야 정치를 과격화시켰고, 많은 사람들은 소련의 지속적인 통치보다 독립이 더 낫다고 결론 내리게 되었다.

-1989년 5월 30일 고르바초프는 선거를 하는 데 필요한 법들이 없다는 이유로 1989년 11월로 예정된 전국 지방선거를 1990년 초로 연기할 것을 제안했다.

-1989년 6월 19일 카자흐스탄에서는 총과 화염병, 쇠몽둥이, 돌을 든 청년들이 자나오젠에서 폭동을 일으켜 다수의 사망자가 발생했다.

-1989년 6월 23일 고르바초프는 라피크 니쇼노프를 우즈베키스탄 공산당의 제1서기 직에서 해임하고 카리모프로 대체했다. 카리모프는 우즈베키스탄 소비에트 연방 사회주의 공화국, 후에는 독립국 우즈베키스탄의 지도자가 되었다.

-1989년 8월 19일 60만 명의 시위자들이 정치범의 석방을 요구하며 바쿠의 레닌 광장(현재 아자드리크 광장)을 가득 메웠다.

-**1989년 8월 23일** 발트3국, 즉 에스토니아, 라트비아, 리투아
니아의 시민 200만 명이 손을 맞잡고 600킬로미터에 이르는 인
간 사슬을 만들어 평화적인 정치 시위를 했다. 이를 '발틱 웨이The
Baltic Way'라고 부른다.

-**1989년 10월 28일** 우크라이나 소비에트 최고회의는 1990년
1월 1일부터 우크라이나어를 우크라이나의 공용어로 하고, 러시
아어는 민족 간 의사소통할 때만 사용하기로 결정했다.

-**1989년 12월 7일** 알기르다스 브라자우스카스가 이끄는 리투
아니아 공산당은 소련 공산당에서 벗어나 정치에서 공산당이 지
도적 역할을 한다는 헌법상의 권리를 포기했다.

-**1989년 12월 10일** 우크라이나 리비우에서 공식적으로 인정
된 국제 인권의 날 기념식이 처음 열렸다.

-**1989년 12월 26일** 우크라이나 소비에트 최고회의는 크리스
마스, 부활절, 그리고 삼위일체 대축일을 공휴일로 지정하는 법을
채택했다.

-**1990년 2월 7일** 소련 공산당Communist Party of the Soviet Union 중앙 위원회는 공산당의 권력 독점을 포기하라는 고르바초프의 권고를 받아들였다.

동유럽 국가들에 대한 소련의 압제를 좀 느슨하게 하려는 고르바초프의 결정은 1989년 11월 베를린 장벽의 붕괴와 그 후 동유럽 전역에서 공산주의 통치의 전복을 끌어낸 독립 운동, 민주화 운동을 일으켰다.

다당제 선거를 허용하고 소련에 대통령직을 만들기로 한 고르바초프의 결정은 결국 공산당의 통제를 불안정하게 만들었고 서서히 소련의 붕괴를 초래한 민주화 과정의 시작을 부추겼다.

-**1990년 5월** 선거 이후 고르바초프는 서로 대치하는 내부의 정치적 압력에 직면했다. 보리스 옐친과 다원주의 운동은 민주화와 빠른 경제 개혁을 주장했고, 강경파 공산주의 엘리트들은 고르바초프의 개혁 계획을 좌절시키려 했다.

동유럽의 공산당 정권들이 붕괴된 후, 발트3국과 캅카스는 모스크바로부터 독립을 요구했다. 1991년 1월, 리투아니아와 라트비아에서 폭력 사태가 발생했고 소련 전차들이 봉기를 저지하기 위해 투입되었다.

–**1991년 3월 17일** 전체 국민투표에서 76.4%의 유권자들이 개혁된 소련의 유지를 지지하였다.

–**1991년 8월** 고르바초프를 겨냥했지만 불발로 그친 쿠데타가 소련의 운명을 결정지었다. 강경파 공산주의자들이 계획한 그 쿠데타는 고르바초프의 권력을 축소시켰고 옐친과 민주주의 세력을 소비에트 사회주의 공화국 연방과 러시아 정치의 중심으로 옮겨가게 했다.

–**1991년 6월 12일** 보리스 옐친은 민주적 선거에서 57%의 지지를 얻어 16%를 얻은 고르바초프쪽 후보였던 니콜라이 리즈코프를 꺾었다. 옐친이 대통령으로 선출된 후 러시아는 독립을 선언했다.
고르바초프는 소련을 덜 중앙집권화된 국가로 만들려 했다. 새로운 연합 조약Union Treaty은 소비에트 연방을 대통령, 외교 정책, 군사력을 공유하는 독립 공화국들의 연방으로 전환하기 위한 것이었다.

–**1991년 8월 19일** 고르바초프의 부통령 겐나디 야나예프, 발렌틴 파블로프 총리, 국방 장관 드미트리 야조프, 블라디미르 크

류치코프 KGB 수장과 다른 고위 관료들은 '국가 비상사태에 관한 총위원회'를 결성하여 조약의 체결을 막기 위해 행동했다. 그들은 휴일을 맞아 크림반도의 리조트 타운인 포로스에 머물던 고르비초프를 가택 연금에 치하고 그의 통신 수단을 차단했다.

–1991년 8월 24일 고르바초프는 공산당 중앙위원회를 해산하고 총서기직을 사임했다. 동시에 정부의 모든 당 단위 조직도 해체시켰다.

–1991년 9월 17일 유엔 총회는 에스토니아, 라트비아, 리투아니아를 유엔에 가입시켰다.

–1991년 11월 7일 언론들은 '구소련'이란 말을 처음으로 사용하기 시작했다.

–1991년 12월 8일 러시아, 우크라이나, 벨라루스의 지도자들은 벨라루스 서부의 벨라베스카야 푸슈차에서 비밀리에 만나 사실상 소비에트 사회주의 공화국 연방이 해체되었고, 그 대신에 좀 더 구속력이 없는 독립국가연합Commonwealth of Independent States, CIS 으로 대체되었음을 선언하는 벨라베자 협약Belovezh Accords에 서명했다.

-1919년 12월 12일 러시아 소비에트 연방 사회주의 공화국SFSR 의 소비에트 최고회의는 벨라베자 협약을 공식적으로 비준하고, 1922년의 연합 조약을 파기했다.

-1991년 12월 17일 유럽 28개국, 유럽 경제 공동체, 비유럽 4개 국, 발트3국, 12개 소련 공화국들 중 9개 공화국들이 헤이그에서 주권국으로서 유럽 에너지 헌장에 서명했다.

-1991년 12월 21일 벨라베자 협약이 단지 3개국들에 의해 맺어졌기 때문에 그것이 과연 합법적으로 소비에트 사회주의 공화국 연방을 해산시켰는지에 대한 의구심이 남아 있었지만, 12월 21일 조지아를 제외한 나머지 12개 공화국 중 11개 공화국 대표들이 공화국 연방의 해체를 확인하고 공식적으로 독립국가연합을 수립하는 것을 내용으로 하는 알마-아타 조약에 서명했다. 그들은 또한 고르바초프의 사임을 '수락'했다. 고르바초프는 현장을 떠날 어떠한 공식 계획도 세우지 않았지만, 그는 독립국가연합이 실현되는 대로 즉시 사임할 것임을 시사했다.

-1991년 12월 25일 이른 아침에 전국적으로 방송된 연설에서 고르바초프는 소비에트 연방의 대통령직을 사임했다.

모스크바 시간 12월 25일 밤 7시 32분. 고르바초프가 크렘린을 떠난 뒤 마지막으로 소비에트 연방기가 내려졌고, 그 자리에 러시아 삼색기가 게양돼 소련의 종말을 상징적으로 알렸다.

–**1991년 12월 26일** 최고 소비에트 연방의 상원이었던 공화국 평의회는 스스로와 소련을 모두 폐기하기로 의결했다.

(출처: History.com, BBC, 브리태니커, CBS)

부록 3 | 유럽의 동맹들

나토

북대서양조약기구(NATO)는 유럽 28개국과 북미 2개국이 연합한 군사 동맹이다. 나토는 2차 세계대전의 여파로 1949년 4월 4일 체결된 북대서양조약의 이행을 위해 설립되었다.

나토는 집단 안보 체제다. 나토의 독립 회원국들은 외부자들의 공격에 대응해 상호 방어하기로 동의한다. 냉전 기간에 인지된 소련의 위협에 대응하기 위해 설립되었다. 이 동맹은 냉전 종식 이후 계속 유지되어왔으며 발칸반도와 중동, 북아프리카에서 군사작전을 수행해왔다. 나토 본부는 벨기에 브뤼셀에 있고, 연합군 작전 사령부 본부는 벨기에 몬스 근처에 있다.

새로운 회원국의 가입으로 원래의 12개국에서 30개국으로 동맹이 늘어났다.

2020년 3월 27일에는 북마케도니아가 신규 멤버로 가입했다. 나토는 보스니아 헤르체고비나, 그루지야, 우크라이나를 잠재적 회원국으로 인정하고 있다. 나토의 확대는 비회원국인 러시아와의 긴장을 초래했다. 푸틴 대통령은 나토가 동쪽으로(우크라이나, 그루지야, 몰도바와 같은 나라들 쪽으로) 확장을 중단하겠다는 법적 보장을 해달라고 요구했다.

바르샤바 조약

바르샤바 조약은 소련Soviet Union과 동유럽의 공산주의 국가들로 구성된 정치적·군사적 동맹이다.

바르샤바 조약의 원래 가입국은 소련, 알바니아, 폴란드, 루마니아, 헝가리, 동독, 체코슬로바키아, 불가리아였다.

이 조약은 모든 회원국에 의한 집단적 의사결정을 용이하게 하기 위한 것이었다. 실제로는 소련이 그 조직을 실질적으로 통제했다.

바르샤바 조약은 1991년 동유럽에서 공산주의가 붕괴되고 소련이 해체되기 직전에 종말을 맞았다.

유럽연합

유럽연합(EU)은 유럽 27개국의 정치·경제 단체이다. 유럽연합은 민주적 가치를 장려하는 세계에서 가장 강력한 무역 블록 중 하나이다. 19개국이 유로화를 공식 통화로 공유하고 있다.

유럽연합은 2차 세계대전 이후 유럽 대륙에서 국제 경제 및 정치적 협력을 강화하고자 하는 바람에서 성장했다. 1957년 출범한 유럽 경제 공동체(EEC)는 1993년 마스트리히트 조약의 채택으로 회원국들의 외교, 안보, 내정 정책의 통합이 심화되면서 유럽연합으로 바뀌었다. 유럽연합은 같은 해에 상품, 서비스, 사람, 자본의 자유로운 이동을 촉진하기 위해 공동 시장을 설립했다. 공통 통화인 유로화는 1999년에 채택되었다.

2016년 브렉시트 국민투표를 통해 영국은 유럽연합을 탈퇴하기로 결정하고, 2020년 공식적으로 탈퇴했다.

발트3국

발트3국은 에스토니아, 라트비아, 리투아니아를 가리키는 비공식적인 지정학적 명칭이다. 이 세 나라 모두 나토와 유럽연합의 회원국이다.

그들은 세계은행에 의해 고소득 국가로 분류되며, 매우 높은 인간개발지수(국제연합개발계획이 각국의 교육 수준 등을 조사해 인간개발 성취 정도를 평가하는 지수-옮긴이)를 유지하고 있다. 세 정부는 정부 간, 의회 간 협력을 하고 있다. 외교 및 안보 정책, 국방, 에너지, 교통 분야에서도 빈번히 상호 협력을 하고 있다.

독립국가연합

독립국가연합(CIS)은 1991년 러시아와 옛 소련의 일부였던 11개 공화국이 결성한 정치공동체이다.

러시아, 우크라이나, 벨라루스의 선출된 지도자들은 무너지는 구소련을 대체하기 위해 새로운 연합을 결성했다. 나중에 카자흐스탄, 키르기스스탄, 타지키스탄, 투르크메니스탄, 우즈베키스탄, 아르메니아, 아제르바이잔, 몰도바가 합류하게 된다(리투아니아, 라트비아, 에스토니아 등 나머지 옛 소련 공화국들은 새로운 기구에 가입하는 것을 거부했다). 1991년 12월 21일 벨라루스의 민스크를 행정 업무의 중심지로 삼아 CIS가 공식적으로 창설되었다. 오늘날 CIS 국가들은 아르메니아, 아제르바이잔, 벨라루스, 카자흐스탄, 키르기스스탄, 몰도바, 러시아, 타지키스탄, 우즈베키스탄 등 9개 공화국으로 구성되어 있다.

헌장은 1993년 1월 22일에 채택되었다. 헌장에 따르면 CIS의 목표는 다음과 같다.

- CIS의 구성원들은 정치, 문화, 경제, 환경 보호 그리고 모든 분야에서 협력할 것이다.

- 모든 회원국의 경제적·사회적 발전을 촉진한다.

- 국제법에 따라 인권 및 기타 기본적 자유를 보장하고 보호한다.

- 국제 평화와 안전을 유지하기 위한 모든 회원국 간에 협력한다. 국방 장관 협의회는 모든 회원국 간의 군사 협력을 조정하기 위해 설립되었다.

- CIS 회원국 간의 무력 충돌 방지 및 분쟁의 평화적 해결을 기한다.

조지아는 공식적으로 연방에서 탈퇴했고, 2018년 5월 19일 러시아의 크림반도 강제 합병 이후 우크라이나는 CIS의 모든 법정 기구에서 공식 탈퇴했다.

세계를 하나로 뭉치게 한 우크라이나의 영웅

젤렌스키

초판 1쇄 발행 2022년 5월 17일

지은이 | 앤드루 L. 어번, 크리스 맥레오드
옮긴이 | 오세원
펴낸이 | 정광성
펴낸곳 | 알파미디어
출판등록 | 제2018-000063호
주소 | 05387 서울시 강동구 천호옛12길 46, 2층 201호(성내동)
전화 | 02 487 2041
팩스 | 02 488 2040
ISBN | 979-11-91122-34-3 03300